KB040595

Z세대가 말하는 Z세대의 모든 것

Z세대가 말하는 Z세대의 모든 것

박다영
고광열
지음

샘터

이제는 MZ세대가 아닌 Z세대를 알아야 할 때

박다영

태어날 때부터 IT 기술을 접하고 수많은 정보를 빠르게 공유하는 신세대 Z세대가 주목받고 있다. 방송이나 언론에서는 MZ세대를 주제로 스몰토크를 나눈다. 그런데 Z세대는 그렇게 정의되는 Z세대의 특징을 자신들의 특징이라고 생각하지 않는다. 어느 정도 공감되는 부분은 있지만 기성세대가 만들어낸 과장된 특징으로 생각한다.

Z세대는 자신이 잘못된 특징들로 정의되는 게 싫다. Z세대가 즐길 수 있는 것은 개그 소재로 이용되는 딱 그 정도까지다. "요즘 Z세대는…"이라는 말만 들으면 치를 떠는 친구가 있다. "요즘 Z세대 알바생들은 왜 그런가요?"라는 기성세대의 글을

보며 친구는 그게 왜 Z세대 특징이냐고 소리친다.

인터넷을 조금만 찾아봐도 Z세대의 특징을 찾을 수 있다. 하지만 실제로 MZ세대라는 용어를 쓰고 특징을 정의하는 사람들은 MZ세대가 아니다. 나름 Z세대의 유행을 잘 따라가고 있다고 자부하는 친구도 인터넷에 떠도는 'Z세대의 특징'이나 '요즘 유행어'를 보면 그게 왜 Z세대를 말하는 것인지 의아해한다.

Z세대는 자신의 사생활을 지키고 싶은 개인주의자이면서도 온라인을 통해 끊임없이 소통한다. 그렇기 때문에 빠른 속도로 유행이 바뀌고 그들만의 밈이 존재한다. SNS를 일주일만 안 하더라도 그 유행이 지나가 버릴 정도다. 실제로 시험 기간 동안 SNS에 잘 들어가지 못해 한 달 전 유행한 것을 친구들 앞에서 말했다가 "그거 언제 적 유행이야"라는 말을 들었다. Z세대인 나도 유행을 따라가기가 벅찬 게 현실이다.

그리고 그 유행과 밈들은 의미가 따로 없고 Z세대만의 분위기에서 만들어지기 때문에 그 세대가 아니라면 공감하기 어렵다. Z세대의 유행에서 의미를 찾으면 안 된다. "홍대입구역 가려면 어디로 가야 해요?"라고 질문하면 "뉴진스의 하입보이요"라 대답하며 춤을 추는 유행이 있고, Z세대 모두가 그 유행에 열광했다. 처음 그 유행을 접했을 때 나는 이해가 안 돼서 친구에게 왜 저렇게 대답하는 게 유행이냐고 물어봤더니, 그 친구는

"몰라? 그냥 재밌잖아"라고 대답했다. 이유가 없다.

가끔 아빠가 인터넷에서 배운 Z세대 유행어를 사용할 때가 있다. 하지만 유행어를 제대로 이해하지 못해 상황에 맞지 않게 사용하거나 이미 한참 전의 유행어인 경우가 많다. 이럴 때마다 기성세대가 Z세대와 가까워지기 위해 그들의 유행과 밈을 좇는 건 좋은 방법이 아니라는 생각을 한다.

Z세대는 MZ세대라는 말을 싫어한다. 밀레니얼 세대와 Z세대는 서로가 너무 다른 세대라고 생각한다. 두 세대는 분명히 다른 사회 분위기에서 자랐다. 예를 들어 최근에 포켓몬빵이 재출시되면서 엄청난 인기를 얻었는데, 포켓몬빵의 소비자는 두 부류였다. 추억을 회상하는 밀레니얼 세대와 뉴트로 감성을 경험해 보고 싶은 Z세대다. 밀레니얼 세대에 유행했던 것들이 Z세대에게는 새로운 옛날 감성이다. 발전 속도에 맞춰 세대를 구분하는 주기는 점점 짧아져야 한다.

그동안은 Z세대들이 공감하지 못하는 Z세대 특징들만 떠돌았다. 그로 인한 오해들이 퍼지면서 기성세대와 Z세대 사이에 갈등이 생겨났다. 그래서 기성세대가 알고 있는 Z세대에 대한 오해와 진실을 진짜 Z세대가 알려주고자 책을 쓰게 되었다. 이제는 MZ세대 특징이 아니라 Z세대 특징을 알아야 할 때다.

기성세대는 모르는 생생한 Z세대 이야기

고광열

만 28세에 기성세대를 중심으로 하는 세대 연구를 검증하고자 《MZ세대 트렌드 코드》를 집필했다. 그때만 해도 MZ세대는 어떻다고 하는 기사를 보면 진위를 판단하기 쉬웠다. 하지만 만 30세인 지금은 실제로 그런 것인지, 일부 사례를 확대 해석한 건 아닌지 판단하기 어렵다. 예전과 다르게 MZ세대 테스트를 열심히 하는 친구들을 보며 이제는 트렌드의 중심에서 멀어졌다는 것을 깨달았다.

대신 기성세대가 세대론을 어떻게 보는지 알게 되었다. 회사생활을 하면 대부분 쳇바퀴 도는 일상을 산다. 너무 빠르게 흐르는 유행을 매번 알아보는 것은 귀찮다. 어차피 지금 알아

뒤도 오래 안 가 바뀌니 찾아보지 않는다. 가끔 나만 모르는 게 있으면 당황하게 되지만, 그렇다고 유행을 계속 좇다가는 인생이 피곤해진다. Z세대의 모든 것을 알려고 하지 않아도 된다. 모르는 것이 자연스럽고 아무도 이상하게 생각하지 않는다.

이 책은 평범한 20대의 생활과 사고방식을 소개한다. 기성세대가 알기 힘든 세세한 이야기들이 있다. 거기에 2년간 MZ세대 강사로 활동하며 받은 기성세대의 궁금증과 고민에 대한 답변을 담았다. Z세대 자녀를 어떻게 대해야 하는지, 회사에서는 Z세대 신입사원을 어떻게 대해야 하는지와 같은 것들이다.

"제가 신입사원일 때는 안 그랬던 것 같은데 요즘 애들은 왜 이럴까요?"

회사 관리자급이나 경영진을 대상으로 강의를 하면 종종 듣는 말이다. 그러면 "선생님이 그 나이일 때도 그 나이대 누군가는 저 사람처럼 행동했을 겁니다"라고 대답한다. 단지 그때는 주변에 그런 사고방식을 가진 친구가 없었을 뿐이다. 우리는 비슷한 나이의 사람이 다르게 생각하는 것은 단순히 환경이 달랐다고 생각하는 반면, 다른 나이가 다르게 생각하는 것은 세대 차이로 인한 결과라고 생각한다.

SNL의 〈MZ오피스〉가 화제가 되는 것처럼, 회사에서 세대 갈등이 많이 나타난다. 갈등을 해소하여 업무를 효율화하려는 노력도 이루어지고 있지만, 회사에서의 갈등은 보통 '업무 책임에 의한 입장 차이'로 인해 나타난다. '어떻게든 업무를 완수해야 하는 팀장'과 '시키는 일만 하고 퇴근하면 되는 사원'의 차이다. 나이 차이가 많이 나더라도 나와 전혀 연관이 없는 부서 사람과는 큰 갈등이 없다.

　　밀레니얼 세대와 Z세대의 차이점을 구분한 것도 이 책의 특징이다. MZ세대라고 하여 두 세대를 합친 이유는 두 세대가 명확히 분리되지 않았기 때문이다. Z세대의 사고방식이 어떠한지를 보며 나와 뚜렷하게 다른 점을 밀레니얼 세대와 Z세대의 차이점으로 규정했다. 이 책을 통해 Z세대를 제대로 이해하고 갈등을 넘어 모든 세대가 공존할 수 있기를 기대한다.

서문

1장

Z세대의 일반적인 특징

2장
Z세대의 사고방식, 가치관

4장
Z세대와 함께 일하는 법

Z세대의
일반적인 특징

갓생

Z세대가 원하는 삶

우리나라는 일반적으로 출생 연도에 따라 세대를 구분한다. 1955년생부터 1963년생은 베이비 붐 세대, 1960년대생은 86세대, 1970년대생은 X세대, 1980년생부터 1995년생은 밀레니얼 세대, 1996년생부터 2010년생은 Z세대라고 부른다. 이렇게 비슷한 환경에서 나고 자란 연령대끼리 묶고 각 세대만의 독특한 사회적 특징을 비교 분석한다.

'낀 세대'라는 말이 있다. 처음 이 말이 나왔을 때는 1980년대생이 대상이었다. 이미 강한 세력을 구축한 86세대와 당시 1990년대생으로 대표되던 MZ세대 사이에 끼어 있는 세대라는 뜻이다. 낀 세대는 86세대의 옛날 스타일에 고스란히 영향을 받으면서도 Z세대의 눈치를 본다. 세대 문화의 변화 과정 중간쯤에 놓인 세대인 것이다.

그러나 낀 세대라는 용어를 당사자인 1980년대생들은 매우 공감했지만 다른 세대가 공감하지 못했다. 모든 세대가 자신이 속한 세대가 가장 힘들기 때문에 낀 세대는 자기 세대라고 주장하다가 어느새 이 용어는 사용하지 않게 되었다.

2021년 《중앙일보》가 만 20~39세 251명을 대상으로 SNS 설문 조사한 결과에 따르면, MZ세대가 다른 세대들이 2030일 때와 다르다고 보느냐는 질문에 응답자의 59%가 동의한다고 답했다. 기성세대는 Z세대를 '스마트폰을 끼고 사는', '너무 이기적인', '노력을 안 하는' 세대라고 생각한다. 그리고 그런 기성세대에게 Z세대는 말한다.

"기성세대가 노력해도 안 되는 세상을 만들었잖아요."

기성세대와 젊은 세대 사이에 갈등이 없던 시절은 없을 것이다. 그러나 최근 한국 사회에서는 위험 수준이라 할 만큼 세대 갈등이 격화되는 양상이다. '말이 안 통하는 꼰대'와 '젊은 애들은 이래서 문제'라는 비난이 온라인 커뮤니티, 직장, 지하철, 가정에서까지 난무한다.

Z세대는 완전히 다른 시대를 살아온 기성세대의 말을 받아들이기 힘들다. 기성세대는 대학교만 나오면 회사를 골라갈 수 있었지만, Z세대는 치열한 경쟁 속에서 자신을 스스로 챙겨야

한다.

　Z세대는 밀레니얼 세대와 마찬가지로 저성장 시대를 살아서 노력의 가치를 낮게 보는 경향이 있다. 그래서 기성세대에게 노력을 안 하는 세대라는 비난을 듣기도 한다. 그렇다고 노력을 안 하는 게 아니다. 기성세대가 해왔던 노력과 다를 뿐이다.

　Z세대는 좋은 대학에 가기 위해 우수한 성적뿐만 아니라 수상, 봉사활동, 독서, 면접, 대인관계까지 신경 써야 한다. 그렇게 힘들게 대학에 들어가도 쉽게 취업이 되지 않는다. 스펙 쌓기는 오히려 대학 입학부터 본격적으로 시작된다.

　기성세대는 중소기업의 인력난을 보고 Z세대의 눈이 높다고 말한다. 자신만 생각하는 이기주의라고도 한다. 하지만 Z세대는 자신의 대학 생활을 스펙에 전부 투자했기 때문에 눈을 낮출 수 없다. 이런 대화 속에서 Z세대는 기성세대를 '말이 안 통하는 꼰대'라 생각하게 되고 갈등이 발생한다.

　《매일경제》에 따르면 "2020학년도 대입에서 일반고 학생의 대학 진학률이 최근 10년 새 가장 높은 수준인 79.4%를 기록했다"고 한다. 한국의 대학 진학률은 OECD 1위인 만큼 더 이상 대학 진학은 취업 스펙이 되지 않는다. 대외 활동, 교내 활동, 수상, 봉사활동, 인턴, 자격증, 학점 등 남들과 비교될 만한 스펙은 뭐든지 다 쌓아 올려야 한다. 이런 Z세대들에게 기성세대가 해왔던 노력을 바라서는 안 된다.

Z세대는 불확실한 미래에서 자신의 효용감을 찾기 시작했다. 그 방법 중 하나가 바로 '갓생 살기'이다. 네이버 통계 기준 2020년 상반기에 '갓생'이 검색어로 등장한 후 1년 6개월 만에 검색량이 100배가량 늘어난 것으로 나타났다. 그만큼 많은 Z세대가 갓생 살기를 다짐한다. 갓생은 신을 뜻하는 'god'과 '인생'을 합친 말로 '아주 멋진 삶을 산다'를 뜻한다. 뜻만 들었을 때는 성공한 삶이나 돈이 많은 삶 정도로 생각할 수도 있다.

하지만 그러한 삶은 실제로 Z세대가 생각하는 갓생의 진짜 의미와는 매우 다르다. Z세대가 생각하는 갓생은 대단한 성취보다는 습관, 매일의 루틴, 그리고 계획을 해내는 것에 중점을 둔다. '갓생 테스트'의 문항으로는 '알람 듣고 바로 기상하기', '매일 물 마시기', '일어나자마자 이불 정리하기', '매일 일기 쓰기' 정도이다. 여기서 포인트는 계획적으로 꾸준히 실천하는 것이다. 그리고 그 소소하지만 확실한 성취감은 Z세대가 생산적이고 부지런한 삶을 이뤄냈다는 데 행복을 느끼게 해준다.

Z세대는 주위 환경을 자신의 목표에 맞게 구축하며 동기부여를 한다. 예를 들면 공부 자극을 받기 위해 #공스타그램 계정을 팔로우하거나 일찍 일어나기 위해 미라클 모닝 유튜버를 구독한다. 혹은 주위 친구들이 아니더라도 오픈 채팅방에서 갓

생을 함께할 메이트를 찾기도 한다. 이때 동기부여를 위한 수단들은 전부 온라인에서 진행된다는 것이 특징이다.

'갓생 살기' 트렌드에 힘입어서 습관 마케팅이 흥했다. 대표적인 마케팅 사례로 '네이버 오늘 일기 챌린지'가 있다. 이 챌린지는 매일매일 자신의 일기를 올리기만 하면 된다. 3일 동안 무려 56만 명이 참여하며 큰 화제가 되었다. '투두메이트' 앱 역시 큰 인기를 얻었다. 친구와 자신의 계획을 공유하고, 완료 시 친구들에게 응원과 격려를 받을 수 있다. 갓생을 남들과 같이 실천할 수 있는 커뮤니티에 대한 Z세대의 니즈가 점차 높아지고 있다.

Z세대는 기성세대와 삶의 방식도, 가치관도 모든 것이 다르다. 기성세대와 Z세대는 서로를 이해하지 못하여 오해가 쌓이고 갈등 상황까지 발생하고 있다. Z세대가 살아온 환경은 기성세대의 환경과 확실히 다르다. Z세대는 자신의 노력이 더 이상 가치를 발하지 못하면 스스로 성취감을 얻을 수 있는 트렌드를 만드는 세대이다.

화석

Z세대 안에서도 나뉘는 세대 차이

사람들이 세대론에 관심을 가지는 이유는 세대론을 통해 현재와 미래를 볼 수 있기 때문이다. 특별히 의식하지 않으면 자신의 사고방식이 어떻게 바뀌고 있는지 알기 어렵다. 과거의 경험에 빗대어 판단하기 때문에 있는 그대로 받아들이지 못하기도 한다. 반면 새로운 세대는 선입견 없이 있는 그대로를 본다. 그래서 새로운 세대에게 나타나는 특징은 현재를 판단하는 근거가 된다.

"MZ세대는 스스로를 MZ세대라고 부르지 않아요. 2030세대를 하나로 묶어서 특징을 부여하지 마세요. 어떻게 80년대생과 00년대생이 같은 세대인 거죠?"

MZ세대라는 말은 밀레니얼 세대와 Z세대를 합친 단어다.

MZ세대라는 말이 유행한다는 사실은 밀레니얼 세대만으로는 사람들에게 새로움을 주지 못한다는 것을 의미한다. 지금까지는 대부분의 Z세대가 미성년자인 시기여서 특징이 뚜렷하지 않았다. 하지만 상당수의 Z세대가 성인이 되면서 Z세대만의 특징이 드러나기 시작했다. 그리고 Z세대들은 밀레니얼 세대와 묶이는 것을 어색해한다.

다음은 대학생의 학번별 호칭이다.

대학생 학번별 호칭 2021 ver.

#21학번	#17학번
오구오구 울 애깅♥	화석 암모나이트

#20학번	#16학번
코로나로 위아래 학번 잘 모름 ㅠㅇㅠ	조..교님?

#19학번	#15학번
군인 고무신	밖에서 보면 찐 아저씨;;

#18학번	#14학번
선배님!!!!!!!!!	선배님은 제가 초딩일 때 대학생이셨다던데.. 진짜인가요?

Z세대는 학번 차이에서도 세대 차이를 느낀다. 고작 한 학번 차이더라도 명확히 구분하며 자신과는 다른 세대라고 선을 긋는다. 고학번들은 자신을 '화석'이라고 지칭하기도 한다.

"머리부터 발끝까지" 다음에 올 가사는?

화석 : "사랑스러워~" (김종국)

젊은이 : "핫이슈~ 훠" (포미닛)

요즘것들 : "오로나민~ C" (전현무)

Z세대끼리는 서로 세대 차이를 인정한다. 고작 1~2년 차이로 화석 취급을 받는 고학번들은 자칫 기분이 나쁠 수도 있지만 오히려 개그로 활용한다. 고학번들은 카톡에서 '어린 친구들 잘 부탁해요 화석티콘'이라는 이모티콘을 주로 사용하고, "나 땐 말이야", "어디 선배가 말하는데!" 같은 말을 일부러 웃기고자 사용한다. 또한 화석과 요즘것들을 구분하는 테스트를 만들기도 한다. Z세대는 오히려 세대 차이를 하나의 재미 콘텐츠로 만들고 있다.

서로 다른 사람을 하나의 세대라고 묶는 것도 싫은데 두 세대를 MZ세대라고 합쳐놓았다. 사회·기술적 변화 속도가 빨라지면서 세대 구분의 기간 역시 짧아져야 하는데도 말이다.

밀레니얼 세대와 Z세대는 비슷한 듯 다른 점이 있다. 두 세대가 영향을 받은 대상이 확연히 다르다. 밀레니얼 세대의 성장기는 Z세대만큼 개인 방송인, 유튜버라는 직업이 활성화되지 않은 시기였다. 그래서 밀레니얼 세대는 유명 연예인의 영향을 많이 받았다면, Z세대는 연예인보다는 인기 유튜버의 영향을 크게 받는다.

《한경비즈니스》가 2018년 전국의 Z세대 500명을 대상으로 설문 조사한 결과에 따르면, Z세대는 여가 시간에 무엇을 하느냐는 질문에 82.2%가 '유튜브 감상'을 택했다. 팬들에게 유명 유튜버는 연예인 같은 존재다. 하지만 실시간으로 소통하고 핸드폰으로 언제든 쉽게 찾아볼 수 있다는 점에서 친구처럼 편하게 여긴다.

연예인들도 이런 Z세대의 차별된 특징에 맞추기 시작했다. 더 이상 연예인은 TV 속에서만 볼 수 있는 대상이 아니다. 이제 연예인들도 유튜브 개인 채널 운영이 필수다. 자신의 일상 영상을 올리고 유튜브를 통해 팬들과 소통한다. 개인 유튜버가 프로그램을 기획하고 유명 연예인들을 섭외하여 유튜브로만 프로그램을 방영하기도 한다.

밀레니얼 세대가 IT 기술 변화에 적응한 세대라면, Z세대는 이미 발전된 IT 기술 속에서 태어난 세대이다. Z세대는 너무나도 자연스럽게 인터넷과 스마트폰을 스스로 학습했다. 그러한 Z세대에게 온라인과 오프라인 세상의 경계는 모호하다.

밀레니얼 세대는 온라인 친구가 위험하다고 학습되었으며, 온라인에서 만난 사람을 오프라인에서 만나는 것을 경계한다. 온라인 친구와 오프라인 친구의 경계가 확실한 것이다. 하지만 Z세대는 온라인에서 친구가 된 후 오프라인에서 만나는 게 이상한 일이 아니다. 성격이 잘 맞는다면 온라인에서 만났더라도 친구가 될 수 있다.

친한 친구들끼리 위치를 공유할 수 있는 앱인 '젠리'는 Z세대 사이에서 인기를 끌었다. 서로의 위치를 묻지 않아도 지도를 통해서 상대방의 위치를 알 수 있었다. 우연히 지도를 봤을 때 같은 지역에 있다면 바로 만남을 갖기도 했다. Z세대의 온라인과 오프라인 관계 형성이 자유롭다는 특징을 잘 활용한 대표적인 사례다.

밀레니얼 세대와 Z세대는 IT 기술 활용에도 차이가 있을 수밖에 없다. Z세대는 유튜브를 통해 정보를 검색한다. IT 기술에 익숙한 Z세대는 텍스트 정보보다는 동영상 정보를 선호하며 시각적 정보에 민감하게 반응한다. 심지어 이제는 동영상 정보 중에서도 길이가 긴 영상은 보지 않는다. Z세대들 사이에서 숏폼 열풍이 불면서 동영상에는 단 몇 분 혹은 몇 초 안에 핵심적인 정보를 담아야 한다.

Z세대들의 주요 플랫폼은 주기적으로 이동하고 있다. Z세대의 첫 플랫폼은 카카오스토리였다. Z세대의 대부분이 사용했다고 할 만큼 대표적이었지만 카카오스토리와 카카오톡은 국민 서비스가 되어버렸다. Z세대는 페이스북으로 이동하였고 또 한 번 인스타그램으로 이동했다. 메신저 역시 카카오톡에서 페이스북 메신저와 DM으로 넘어갔다.

Z세대가 SNS를 이동하는 이유는 '부모님이 볼 수 있다'는 것이다. "엄마한테 친구 추가가 왔다는 것은 떠날 때가 됐다는 거다"라는 우스갯말도 있다. 기성세대의 유입으로 인한 신세대들의 이탈은 자연스러운 현상이다. 현재 주 플랫폼인 인스타그램에도 기성세대들이 유입되고 있지만 아직 대체할 만한 플랫폼이 없다. 하지만 기회가 된다면 Z세대는 언제든 다른 플랫폼으로 도망칠 수 있다.

Z세대의 새로운 플랫폼 '메타버스'는 사회가 들썩일 정도로 이슈다. 하지만 당사자인 Z세대들은 어리둥절한 반응이다. 인기 게임 〈동물의 숲〉을 쭉 해오던 Z세대 유저들은 갑자기 메타버스가 이슈가 된 게 어색한 상황이다. 메타버스를 마치 새로 만들어낸 개념처럼 홍보하지만 Z세대에게는 기존에 있던 것에

기성세대들이 용어를 갖다 붙인 것에 불과하다.

　주변 친구들은 "초등학생 때부터 해오던 〈쥬니어네이버〉, 〈테일즈런너〉, 〈마인크래프트〉랑 메타버스의 차이를 모르겠다"는 반응이다. 메타버스가 Z세대에게는 어릴 적부터 익숙한 공간인데 오히려 기성세대가 만들어낸 메타버스 이론들이 Z세대에게 혼란을 주고 있다.

　강한 자기표현 욕구와 자기 브랜드를 중요시하는 Z세대들의 특징이 메타버스 플랫폼 '제페토' 열풍을 불러왔다는 말들이 떠돌았다. Z세대들도 그 떠도는 말로 제페토를 처음 알았다. 실제로 주위에서 제페토를 하는 사람은 찾아보기 힘들다. 제페토가 무엇인지 찾아본 Z세대들은 어릴 적 하던 아바타 꾸미기 게임에 진지한 용어를 붙인 것이 관심거리가 된다는 게 신기하다. Z세대가 공감하지 못하는 특징들이 Z세대의 특징으로 정의되기도 하는 것이다.

　사람들은 밀레니얼 세대와 Z세대를 묶어서 MZ세대라고 부른다. 하지만 MZ세대의 특징이라고 정리한 내용을 Z세대는 자신들의 이야기라고 공감하지 않는다. 이제 성인이 된 Z세대는 다른 세대와는 확실하게 다른 고유의 특징이 있다. Z세대를 독립된 하나의 세대로 봐야 한다.

쇼츠

10초 모아 1시간

Z세대의 콘텐츠 트렌드로 숏폼 영상이 대세로 자리 잡았다. 숏폼 영상이란 15초에서 3분 내외의 짧은 동영상 형식을 말한다.

각종 플랫폼에 콘텐츠가 넘쳐나는 시대다. 그래서 사람들은 조금만 지루하면 넘겨버린다. 굳이 그 영상이 아니라도 볼 영상은 많기 때문이다. Z세대의 관심을 끌기 위해서는 접근이 쉬우면서도 단 몇 초 사이에 이목을 끌 만한 흥미로운 내용이어야 한다.

Z세대는 자신이 찾는 핵심적인 내용만 빠르게 얻고 싶어 한다. 10분 내외의 유튜브 영상도 전체를 다 보지 않는다. 영상의 설명란에는 시간별로 영상 내용이 정리되어 있다. 이 타임스탬프를 보고 자신이 얻고자 하는 정보의 시간대만 찾아서 본다. 필요 없는 내용을 전부 다 보는 것보다 관심 있는 부분들만 짧

게 여러 영상을 보는 것이 효율적이라 생각한다. 관심 있는 부분만 보는 것도 더 빨리 보기 위해 배속을 빠르게 설정해서 보기도 한다. 그것마저 보기 지루하다면 댓글에 누군가가 세 줄 정도로 핵심 내용을 정리해 둔 것만 읽고 넘어간다.

유튜브를 보다 보면 영상 중간에 광고가 뜬다. 광고는 약 15초 정도의 길이로 잠깐만 기다리면 다시 영상을 이어 볼 수 있다. 유튜브는 광고를 보고 싶지 않다면 월 10,450원을 내고 프리미엄 서비스에 가입하라고 유도한다. 여기서 기성세대와 Z세대의 차이를 볼 수 있다. 기성세대들은 몇 초만 기다리면 된다며 굳이 돈을 지불할 필요를 느끼지 못한다. 하지만 주변 친구들을 보면 5명 중 1명은 매월 프리미엄 이용료를 지불한다. Z세대는 단 15초라도 영상 시청에 방해받고 싶지 않은 것이다.

아이스크림에듀가 전국 초등학생 5,937명을 대상으로 '2019년 결산 설문조사'를 실시한 결과, 응답자의 51%(3,048명)가 올해 친구들 사이에서 가장 유행한 아이템으로 '틱톡'을 꼽았다. 《뉴욕 타임스》는 틱톡의 성공 요인 중 하나로 기존 동영상 플랫폼에 비해 간편한 동영상 편집 기능을 꼽았다. 실제로 틱톡은 스마트폰 조작만 할 줄 안다면 누구나 쉽게 영상을 촬영하고 필터, 스티커, 텍스트 등 각종 효과를 적용하여 편집할 수 있다. 1인 방송의 진입 장벽을 낮춘 것이다.

숏폼이 인기를 끌면서 인스타그램의 릴스, 유튜브의 쇼츠, 스냅챗과 같이 틱톡과 유사한 숏폼 플랫폼이 많아졌다. 하지만 '틱톡은 애들이 오글거리는 영상이나 올리는 곳 아니야?'라는 생각도 있어서 틱톡 시청 자체를 주위 사람들에게 숨기기도 한다. 분명 주위에는 틱톡을 안 한다고 말하는 사람이 많은데 틱톡 인기 챌린지나 인기 음원은 다들 알고 있다. 꼭 틱톡이 아니라도 대부분이 유사한 플랫폼에서 숏폼을 접했거나 즐기고 있는 것이다.

숏폼은 콘텐츠의 길이도 짧고 넘어가는 속도도 빨라 한번 보기 시작하면 시간 가는 줄 모르고 보게 된다. 영상당 소비 시간은 짧아졌지만 오히려 전체 영상 소비 시간은 늘어난 것이다.

숏폼을 이용하여 마케팅한다면 Z세대가 어떤 상황에서 어떤 플랫폼을 사용하는지 고민해야 한다. 예를 들면 유튜브의 쇼츠를 보는 경우에는 이어폰을 끼고 있는 경우가 많지만, 인스타그램의 릴스나 틱톡의 경우에는 끼지 않는 경우가 더 많다. 그래서 릴스나 틱톡을 마케팅 플랫폼으로 이용하려면 자막이 필수다. 플랫폼에 대한 인식의 차이도 있다. 유튜브의 쇼츠는 주 영상을 보게 하기 위한 예고편 같은 느낌이라면, 틱톡이나 릴스는 짧은 영상 안에 시작과 끝이 있어야 한다.

짧은 영상에 익숙해진 Z세대는 이제 긴 영상을 보는 게 쉽지 않다. 밀레니얼 세대는 영화관에 앉아서 2시간 정도의 영화를 보는 것에 익숙했다면, Z세대는 가만히 앉아서 긴 시간 동안 영화를 보는 게 힘들다. 집에서 OTT로 편하게 보면서 지루한 부분은 '10초 건너뛰기'를 해야 한다. 심지어는 2시간짜리 영화를 20~30분으로 요약한 유튜브 영상으로 보기도 한다. 이미 숏폼에 익숙해져 있는 Z세대들의 소비를 잡으려면 숏폼 트렌드 흐름에 맞출 수밖에 없다.

시대별 소셜 미디어와 관계의 변화

소셜 미디어	1세대 소셜 미디어 (2000년대 초) 버디버디 싸이월드	2세대 소셜 미디어 (2010년~) 페이스북 트위터, 인스타그램	3세대 소셜 미디어 (2020년~) 틱톡 릴스
네트워크	PC 네트워크	모바일 네트워크	
연결 방식	'일촌 맺기'로 오프라인 관계 강화	'맞팔'로 온라인 관계 물색	'해시태그'로 온오프라인 한계 상쇄
커뮤니티	방명록, 클럽 등의 기능을 활용해 소수가 교류하는 폐쇄적 커뮤니티	좋아요, 댓글, 공유로 소통하는 인터랙티브형 커뮤니티	직접 콘텐츠를 생산하며 소통하는 오픈형 커뮤니티

출처: 매경이코노미, 2022.8.26.

영상은 넘치고 시간은 한정적인 시대에 Z세대는 재미도 없는데 길기까지 한 영상을 참아낼 이유가 없다.

메조미디어가 공개한 '2019 타깃 오디언스 리포트'에 따르면, 연령별 동영상 1회 시청 시 평균 길이는 10대 15.5분, 20대 15.0분, 30대 16.3분, 40대 19.6분, 50대 20.9분이었다. 10대와 20대가 가장 짧은 길이를 선호했지만 사실상 모든 연령대가 짧은 영상에 익숙해져 가고 있다.

"60초 후에 공개됩니다"라는 말은 2008년 슈퍼스타 K에서 처음 사용된 말로 국민 유행어가 되었다. 공개 시간을 늦춰서 사람들의 관심을 더욱 주목시켰다. 하지만 Z세대들이 소비층이 되고 나서부터는 더 이상 그런 유행어가 먹히지 않는다. Z세대들은 뭐든지 '빨리빨리'를 강조하는 시대에서 살아왔다. IT 기술의 발달로 정보를 찾는 데에도 단 몇 초가 걸리지 않는다. Z세대는 정보를 얻기 위해 60초를 기다리는 것이 답답하다. 숏폼의 아주 빠른 본론과 결론은 Z세대들의 마음을 사로잡기에 적합한 특징인 것이다.

Z세대가 무조건 짧기만 한 숏폼 영상을 선호하는 것은 아니다. 상황극 숏폼을 올리는 유명 크리에이터 '사내뷰공업'은 다양한 알바 경험을 상황극으로 풀어내는 영상을 올린다. 약 1분 정도의 길이로 숏폼 치고는 다소 긴 편에 속하지만 인기 콘

텐츠다. 1분 이내의 영상에 알바생이라면 한 번쯤 겪어봤을 상황의 포인트가 잘 드러나 있다. 일반적으로 숏폼을 보는 시간은 한 영상에 10초를 넘지 않지만, 재미있거나 공감이 된다면 1분까지 보기도 한다.

숏폼을 이용한 인기 챌린지들이 있다. 숏폼에서 챌린지는 누구나 영상을 만들고 참여하며 트렌드를 만들어나가는 것을 말한다. 챌린지 영상은 따라 하기 쉬우면서도 의미가 있으면 더욱 좋다. 인기 챌린지를 보면 고난이도 동작보다는 노래에 맞춘 간단한 손 댄스만으로도 참여가 가능하다. 중독성 있는 노래와 '나도 저 정도는 할 수 있겠는데?'라는 생각이 들 정도의 동작이라면 Z세대의 관심을 끌 수 있다. 리멤버 챌린지는 어릴 적 부모님과 함께 찍었던 사진과 같은 장소에서 같은 포즈로 다시 찍어보는 것이다. 추억 속 그때의 모습으로 돌아가 볼 수 있는 의미 있는 챌린지다.

Z세대의 숏폼 인기는 앞으로 계속될 것이다. 그들은 유튜브로 영상이 소비되면서 글보다 영상이 편해졌다. 이제는 짧은 영상에 익숙해졌고 긴 영상은 보기 힘들다. 길이가 짧다고 무조건 소비되는 것은 아니다. 짧은 영상에 충분한 정보와 스토리가 담겨 있어야 한다. 또한 자투리 시간이 날 때 숏폼을 보기 때문에 소리를 듣지 않아도 내용이 전달될 수 있는 자막이 필수다.

인스타

부계정 팔로우
안 하는 매너

Z세대는 인스타그램을 한다. 스토리를 통해 친구들의 일상을 확인하고, 몇 초 단위로 올라오는 릴스를 빠르게 훑어 내린다. 다 보면 OTT를 본다. 넷플릭스, 티빙, 왓챠 같은 OTT를 정기 구독하고 있다. 이제는 거실에서 TV 리모컨을 가지고 싸우지 않고, 각자의 방에서 OTT를 통해 보고 싶은 프로그램을 본다.

Z세대에게 SNS란 인스타그램을 말한다. 이제 막 친해진 사람이 "SNS 하세요?"라고 물어본다면 인스타그램을 사용하는지 물어봤을 가능성이 크다. 그리고 SNS 사용 여부를 물어보는 이유는 맞팔하자는 의미이다. '맞팔'은 서로 팔로우하는 것을 말한다.

Z세대는 온라인에서 만난 사람과도 '진짜 친구'가 될 수 있다. SNS에 올라오는 일상을 통해 오프라인 친구보다 생활 패턴

을 더 자세히 알기도 하고 서로 소통도 더 많이 한다.

Z세대는 인스타그램을 이용하여 인맥 관리를 한다. 친해지고 싶은 사람에게 말을 건네기 어려울 때 상대의 게시물에 '좋아요'를 누르는 것으로 마음을 전한다. 주의해야 할 점은 친해지고 싶다고 모든 게시물에 '좋아요'를 달면 오히려 부담스럽다는 것이다. 최근 게시물 한두 개 정도만 '좋아요'를 누른다.

Z세대는 마음속으로 진짜 친구와 인스타용 친구를 나누기도 한다. 인스타그램에서는 꼭 친하지 않더라도 팔로우할 수 있다. 이들과는 오프라인에서 따로 만나지 않지만 인스타로 꾸준히 안부를 확인한다. 직접 만나기에 어색한 사람도 인스타그램에서는 절친이 될 수 있다.

인스타그램 스토리는 게시물을 올리기엔 부담스럽지만 자신의 일상을 공유하고 싶을 때 주로 이용한다. 게시물을 올렸을 때 '좋아요' 수가 적게 달리면 부끄럽다. 이런 점에서 24시간이 지나면 사라지는 스토리가 게시물보다 편하게 느껴진다.

인스타그램에는 행복하고 좋아 보이는 사진만 올라온다. 감성적인 게시물을 올리기 위해 상황을 작위로 꾸미기도 한다. 일부러 감성 카페를 찾아다니기도 하고, 친구들과 파티를 하더라도 게시물용 케이크를 제작한다. 사진을 찍고, 고르고, 보정하고, 어떤 순서로 올릴지 고민하다 보면 게시물 하나 올리는

팀장님이 점심에
커피까지 사주셨당..🙄🙄

잘마실게용 감사합니다🙄🙄

병주고 약주기 지리네
ㅋㅋ이제 와서 착한척 무엇?
커피에 점심까지 사주네 ㅋㅋㅋ
누가 속을 줄 앎?
추석 상여금 받고 퇴사할껀데;;;

메시지 보내기

메시지 보내기

출처: 20대 뭐 하지?

데 한 시간이 걸리기도 한다.

요즘 인스타그램 부계정은 필수이다. 부계정에는 진짜 친한 친구들만 팔로우되어 있다. Z세대는 거짓된 좋은 모습만 보여주는 것에 지쳤다. 친한 친구끼리는 자신의 본모습을 보여줄 수 있는 공간이 필요하다. 본 계정에는 행복한 모습만 담았다면, 부계정에서는 자신의 진짜 모습을 보여준다. 두 계정 모두 팔로우되어 있는 친구들에게 같은 글에 대한 본 계정과 부계정의 온도 차이는 웃기면서도 공감이 된다. 상대방과 부계정을 공유할 만큼 친하다고 생각하지 않으면, 오히려 부담스러울 수 있으니 굳이 상대방의 부계정에 팔로우를 걸지 않는 게 매너다.

Z세대는 네이버보다 인스타그램을 통해서 정보를 얻는다. 주로 사고 싶은 물건에 대한 정보나 맛집을 찾을 때 인스타에서 해시태그를 검색한다. 그래서 Z세대를 타깃으로 하는 가게들은 인스타를 통해 홍보하는 것이 효과적이다. 한번 Z세대의 관심을 받으면 줄 서서 먹는 가게가 되는 건 시간문제다.

TV 프로그램에 나오지 않더라도 Z세대들에게 막대한 영향력을 미치는 사람들이 있다. 유튜브, OTT 플랫폼, 인스타그램을 통해 새로운 이미지를 보여주고 있는 이영지가 대표적이다. 래퍼 이영지는 Z세대에게 가장 영향력 있는 연예인 가운데 한 명이다. 이영지가 대표가 된 것은 인스타 라이브 방송을 통한 활발한 소통 덕분이다. 이영지는 Z세대의 인기 콘텐츠인 인스타그램, 틱톡, 유튜브 등을 적극적으로 활용하여 온라인 밈 문화를 선도했다. 또 단순한 일상 공개부터 거침없는 화법, 날것 그대로의 모습을 공유하면서 팬들에게 친근함을 더했다.

유튜브, 인스타그램, 틱톡 등 소셜 미디어에서 자신만의 독창성으로 인기를 얻은 Z세대 인기스타들은 팔로워들과 직접 소통하고 자신의 사소한 일상을 공유하면서 관계를 맺는다. 인스타에서의 인기를 이용해 공동 구매를 진행하거나 자신의 사업을 시작하는 경우도 상당히 많다. 미국의 경제지 《포브스》에 따르면, 2021년에 가장 많은 수익을 올린 틱톡 스타는 한 해 동안 약 208억 원의 수익을 벌어들였다고 한다. 2021년 초등학생 희망 직업 중 4위가 크리에이터인 이유가 이해된다.

Z세대는 더 이상 TV를 보지 않는다. 과거에는 즐겨 보던 드라마를 한 회라도 놓칠까 봐 방영 시간만 되면 하던 일을 멈추고 서둘러 집으로 들어와 TV 앞에 모였다. 하지만 더 이상 그럴 필요가 없다. 해야 할 일을 모두 마친 후 여가 시간에 OTT로 자유롭게 보면 된다. 시간과 공간의 제약을 받지 않는 OTT는 TV의 불편함을 모두 보완했다.

생각해 보면 나도 밥을 먹을 때 항상 태블릿을 손에 들고 식탁에 앉는다. 넷플릭스를 켜고 내가 보던 드라마를 재생한다. TV로 드라마를 볼 때는 혹여나 중요한 장면을 놓칠까 봐 상도 못 치우고 끝날 때까지 눈을 떼지 못했다. 하지만 이제는 잠시 정지시켜 놓았다가 정리한 후 다시 이어서 볼 수 있다. 친구들과 집에서 놀 때도 "야, 우리 티브이 보자"라는 말을 들어본 지 오래되었다. 이제는 "우리 뭐 볼래?" 하면 당연히 넷플릭스를 생각한다.

OTT 플랫폼은 TV에서 유행한 영화나 드라마만을 보유하고 있는 것이 아니다. TV에서 방영되지 않았던 독특한 주제의 프로그램 또한 내보인다. 이제는 OTT 스스로가 플랫폼 이용을 주도하는 것이다. 자연스럽게 콘텐츠 소비 채널의 중심은 OTT와 유튜브로 옮겨졌다. 특히 화제가 된 프로그램은 연애 프로그램이다.

TV에서 방영했던 기존의 연애 프로그램은 연예인 간의 가상 연애나 새로운 사람들끼리의 만남이었다. 그러나 Z세대는 더 이상 연예인들의 가상 연애를 궁금해하지 않는다. 2021년 OTT에서 화제가 된 연애 프로그램으로는 〈환승연애〉, 〈체인지데이즈〉, 〈솔로지옥〉, 〈돌싱글즈〉가 있다.

〈환승연애〉는 과거에 헤어졌던 커플 네 쌍이 서로 자신들의 과거 애인이 누구인지를 숨긴 채 그 안에서 새로운 사랑을 찾아나가는 연애 리얼리티 프로그램이다. 과거 애인과 다시 만나는 것도, 그 안에서 새로운 사랑을 찾는 것도 이해하기 어렵지만 2021년 8월 기준 월 시청자 수가 387만 명을 기록했다. 〈체인지데이즈〉는 헤어지는 것을 고민하는 커플들이 나와 서로 짝을 바꿔 데이트하며 관계를 고민해 보는 프로그램이다.

현실에서는 상상조차 하기 힘든 설정이기에 시청자들에게는 새로운 자극일 수밖에 없고, 이러한 자극이 시청자들의 흥미를 이끌고 있다. OTT는 지상파 TV에 비해 표현 수위나 심의에서 비교적 유연하기 때문에 보다 자극적인 프로그램이 만들어질 수 있다.

앞서 말한 네 가지 연애 프로그램의 특이점은 주인공이 모두 일반인이라는 것이다. 과거의 연애 프로그램은 연예인을 이용해 시청률을 끌어냈다. 하지만 연예인이라는 직업의 특성상 자신의 진짜 모습을 보여주지는 못했고 이에 시청자들은 거리감을 느꼈다. 일반인들의 연애 프로그램은 다르다. 일반인들은 연예인에 비해 연애, 결별, 이혼과 같은 사적인 경험이 공개되는 것을 덜 꺼리기 때문에 자기표현에 훨씬 더 적극적이다. 오히려 용기 있게 고백하며 사랑을 찾는 모습에 같은 일반인 시청자들은 응원을 보낸다.

이제는 지상파 TV 프로그램보다 유튜브 콘텐츠가 더 큰 파급력을 발휘하기도 한다. 연예인도 자신의 유튜브 채널을 개설하여 방송한다. 지상파 개그 프로그램들이 폐지되면서 일자리를 잃은 KBS와 SBS 출신 공채 코미디언 3명이 유튜브 채널 '피식대학'을 개설했다. 구독자가 180만 명으로 지상파 개그 프로그램 때보다 더 전성기를 맞고 있다.

피식대학 콘텐츠 중에서 〈B대면데이트〉가 큰 인기다. 특히 카페 사장 최준의 첫 번째 영상은 441만 조회수를 기록했으며,

'준이에게 스며들다'의 줄임말인 '준며든다' 같은 신조어가 등장하기도 했다. 최준으로 활동하는 개그맨 김해준은 지상파 개그 프로그램 때보다 유튜브에서 더 큰 인기를 얻고 있는 대표적인 인물이다.

블로그

Z세대의 일기장

Z세대는 블로그에 자신의 일상을 남긴다. 블로그는 과거에 유행했던 커뮤니케이션 수단으로, 조회수를 높이려고 과장된 제목에 알맹이 없는 내용의 글들이 올라오면서 인기가 사라졌었다. 실제로 사용 후기를 열심히 읽었는데, 마지막에 "이 글은 본 업체에서 제품 또는 서비스를 제공받아 작성된 글입니다"라는 문구를 보면 배신감이 들었다. 지나친 광고로 사람들에게 외면당했던 블로그가 지금 Z세대 사이에서 다시 주목받고 있다.

　　젊은 세대는 기성세대와 섞이기 싫어한다. 페이스북이 유행하다가 기성세대가 많이 유입되자 인스타그램으로 넘어갔다. 인스타그램에도 많은 기성세대가 넘어오니 이제 Z세대가 가고 있는 곳은 네이버 블로그다.

　　인스타그램은 사진과 글자의 수에 제한이 있기 때문에 일상을 기록하기 불편하다. 그리고 지인 대부분이 사용하기 때문에 하고 싶은 말들을 구구절절 남기기에는 부담스럽고 눈치가 보이기도 한다. 반면에 블로그에는 하고 싶은 말이 무엇이든 부담 없이 쓸 수 있다. 설령 내용이 TMI(too much information), 즉 굳이 알려주지 않아도 될 과한 정보여도 눈치 볼 필요가 없다.

주변의 친구 20명에게 블로그 사용 여부를 물었을 때 20명 중 14명이 글을 써본 적 있으며, 20명 중 19명이 글을 쓰지는 않지만 친구의 게시물을 읽는다고 답했다. 그들은 대체로 자신의 일상 사진을 많이 올리고 싶거나 긴 이야기를 하고 싶을 때 블로그를 쓴다.

Z세대 사이에는 암묵적인 인스타그램 감성이 있다. 글은 짧게, 사진은 적게 올리는 것이다. 예를 들면 인스타그램에 가을 단풍 사진을 올리고 싶을 때는 많아야 3장 정도의 사진과 함께 "가을이 왔는지 길에 단풍이 너무 이쁘게 피었다^^"라고 쓰는 게 아니라 "가을이었다…" 혹은 영어 단어로 "AUTUMN"이라고 짧게 쓰는 것이다. 이때 사진 3장을 모두 자기 얼굴이 들어간 사진으로 올리기보다는 중간에 감성 있는 풍경 사진도 넣어줘야 한다.

이런 인스타 감성 때문에 자신의 사진을 많이 올리고 싶거나 일상 이야기를 주절거리고 싶을 때는 블로그를 찾는 것이다.

특히 요즘 대세 플랫폼인 틱톡이나 인스타, 유튜브는 짧고 핵심적인 내용만 담은 숏폼이나 이미지 위주의 플랫폼이라는 특징을 가지고 있기 때문에, Z세대에게 블로그는 낯설면서도 새롭고 힙하게 느껴진다. 예쁜 사진만으로 자랑하는 것이 아니라 글로 자신의 일상을 기록할 공간이 필요했는데, 블로그가 그 공간이 되었다. 만약 블로그 하는 친구를 알게 되었다면 서로 이웃을 추가하는 것은 필수이다.

블로그가 Z세대의 관심을 사로잡는 데에는 마케팅도 한몫했다. 네이버 블로그에서 진행한 '오늘 일기 챌린지'는 3일 동안 56만 명이 참여하며 큰 화제가 되었다. 3일 연속 블로그에 글을 쓰면 1,000원, 10일이 되면 5,000원, 14일 작성하면 1만 원을 지급하는 이벤트였다.

이 챌린지는 2021년 한 해 동안 콘텐츠를 무려 3억 개나 만들어냈다. 이는 서비스 시작 이래 역대 최고의 기록으로, 이벤트 보상 때문에 잠깐 참여했던 신규 Z세대 블로거의 마음을 사로잡는 데에도 충분했다. 특히 이 챌린지는 Z세대 사이에서 유행하고 있는 '갓생 살기'와 맞물려 크게 흥행할 수 있었다.

Z세대는 코로나19로 인해 집에 머무는 시간이 늘어나면서 성취감을 각자의 방법으로 찾기 시작했다. 보통 '갓생 살기'라고 하면 사소하지만 규칙적이고 계획적인 목표를 꾸준히 실천하는

것을 말한다. 매일 자신의 일상을 기록해야 하는 '오늘 일기 챌린지'는 이러한 Z세대의 유행을 잘 캐치한 마케팅 방법이었다.

블로그는 자신의 일상을 기록하는 것 외에도 다양한 기록의 목적으로 사용된다. 취미 활동, 대외 활동, 취업 준비 과정, 전공 공부 등 어떤 주제나 내용이든 체계적으로 기록할 수 있다. 특히 인스타그램이 순간을 기록하는 용도라면, 블로그는 장기간의 활동 과정을 상세하게 기록할 수 있다. 또한 언제든 그 과정을 다시 읽어볼 수 있다는 점도 블로그의 장점 중 하나다. 실제로 대외 활동 블로그를 운영해 본 경험 자체가 취업에 도움이 되기도 한다.

밀레니얼 세대 때 내리막길로 들어섰던 블로그가 Z세대 때 다시 인기를 끌기 시작한 이유는 블로그에 접근하는 방식의 차이에서 찾을 수 있다. 밀레니얼 세대는 블로그를 투잡의 개념이나 수익을 창출하기 위한 수단으로 생각했다. 또한 밀레니얼 세대 때는 텍스트보다는 이미지나 동영상이 인기였고 사람들이 긴 글보다는 짧고 핵심적인 글을 찾기 시작하던 때였다.

기성세대는 정보 전달에 중점을 두었다면, Z세대는 일상 공유가 중점이다. 자신의 일상을 기록하거나 목표를 준비하는 과정을 기록하는 것이다. Z세대들에게 인스타그램의 감성은 자신이 잘 살고 있는 모습을 보여주는 것이다. 블로그에는 인스타그램 감성에서 벗어나는 일상 사진들을 마음껏 올리고 자신의 속마음도 길게 풀어 적을 수 있다. 블로그는 인스타그램보다 자신의 진짜 모습과 감정을 담는 공간인 것이다.

그동안 Z세대에게는 텍스트보다 동영상, 동영상 중에서도 숏폼이었다. "세줄 요약 바람"이라는 유행어가 나올 정도로 긴 글을 읽어본 적이 없다. 인스타그램에는 감성 있게 꾸며진 사진과 최대한 짧은 문구를 올려야 한다. 이런 미디어에 익숙한 Z세대에게 블로그는 낯설고도 흥미로운 공간이었다. 블로그 주소를 공개하지 않는 이상 지인들도 알기 어렵기 때문에 자신의 이야기를 솔직하게 담을 수 있다.

더 좋은 모습만 보여주기 위해 애를 썼던 인스타그램과 달리 자신이 무슨 말을 하든, 어떤 사진을 올리든 눈치를 볼 필요도 없고 제한도 없는 공간에 재미를 느낀 것이다. 네이버 관계자는 블로그는 자신의 일상을 공유하면서도 타인과 일정 거리를 유지할 수 있는 특징이 있다며 '느슨한 연대감'을 원하는 20대 청년층에게 블로그가 인기를 끄는 이유라고 분석했다.

블로그 후기를 검색하다 보면 '내돈내산'이라는 말이 자주 보인다. '내돈내산'이란 '내 돈 주고 내가 산 제품'이라는 뜻의 신조어로, 특정 업체로부터 협찬이나 일정 비용을 받고 작성한 리뷰가 아님을 강조할 때 사용한다. 그동안은 블로그 마지막

부분에서 "이 글은 본 업체에서 제품 또는 서비스를 제공받아 작성된 글입니다"라는 문구를 자주 볼 수 있었고, 그걸 본 사람들은 페이지를 휙 넘겨버렸다. 협찬받았기 때문에 정확하고 사실적인 평가가 아니라는 생각에서다. 심지어는 글을 읽기 전 마지막 부분부터 보면서 협찬받아 쓴 글인지 아닌지를 먼저 확인하는 사람들도 있다.

그래서 블로거들은 자신이 직접 소비한 후 실제 후기를 작성한 것이라는 걸 강조하기 위해 '내돈내산'이라는 말을 꼭 붙인다. 그리고 그 글에는 소비한 제품의 장점뿐만 아니라 단점도 적나라하게 사실적으로 작성한다.

후기 글에 '내돈내산'이라고 적혀 있으면 신뢰도가 상승하게 된다. 일부러 구매하고자 하는 제품과 내돈내산을 함께 검색해 나온 글들만 보기도 한다. '내돈내산 여름 향수 추천'이라고 검색하는 식으로 말이다.

젊은 세대가 새로운 SNS로 넘어가면, 기성세대는 그 SNS 플랫폼을 마케팅 공간으로 바라본다. 하지만 Z세대를 상대로 한 마케팅 수단으로 블로그를 사용하기는 어려울 것이다. Z세대는 블로그를 상업적인 목적으로 운영하는 게 아니기 때문에 해당 블로그를 찾는 것조차 어려울뿐더러 노출도 활발히 되지 않아 마케팅 대상으로서의 가치가 없기 때문이다.

기성세대들에게 블로그는 광고로 도배된 곳, 예전의 기록 방식 정도로 평가될지 몰라도, Z세대에게 블로그는 '갓생 살기'를 실천하고 있는, '남 눈치에 지쳐 있는' Z세대의 특성이 잘 반영된 나만의 일기장이다. Z세대는 블로그를 통해 자신의 일상을 기록해 나간다.

기록

직접 만드는
기록의 의미

사람들은 자신의 일상을 글로 적기도 하고 사진으로 남기기도 한다. 그런데 지금은 너무 많은 정보가 쏟아지는 시대라서 특별히 기록될 만한 성취나 결과들조차 순식간에 묻히기 일쑤다. Z세대는 자신을 기록하고자 하는 욕구가 강한 세대다. 그렇다 보니 자신을 기록하는 방법이 더욱 다양해지고 있다.

'인생네컷'은 스티커 사진에 이어 재유행하고 있는 포토 부스 및 무인 사진관이다. 요즘은 어딜 가든 인생네컷을 볼 수 있으며, 심지어는 인생네컷 거리라고 불릴 만큼 한 거리에 다양한 부스들이 줄지어 있기도 하다. 특별한 날이 아니더라도 인생네컷은 필수 코스다. 인생네컷은 그날의 시간과 사람들과의 추억을 남길 수 있다는 장점이 있다. 카메라보다 화질은 떨어져도 스마트폰 속 갤러리에 있는 수많은 사진보다 인화된 한 장의 사진이 더 의미 있는 자신의 기록이라 생각한다.

바디프로필을 찍는 것은 Z세대들의 버킷리스트 중 하나다. 바디프로필이란 운동과 식단 관리를 통해 만들어진 몸을 찍는 것을 말한다. 언젠가부터 남녀 성별에 상관없이 인스타에 자신의 바디프로필 사진을 올리기 시작했다. 친구들과 함께 도전하기도 하고, 진행 과정을 인스타에 업데이트하면서 친구들의 응원을 받기도 한다. 이는 자신의 노력에 대한 결과물을 사진으로 기록한다는 데에 의미가 있다.

증명사진은 보통 여권이나 주민등록증을 만들기 위해 찍는 용도였다. 하지만 Z세대에게 증명사진은 자신을 기록하는 또 하나의 방법이다. 주변에는 매년 증명사진을 찍는 친구들이 많다. 그들이 증명사진을 찍는 이유는 1년마다 변화되는 자기 모습을 기록하기 위함이다. 이제는 예약하지 않고서는 찍을 수 없을 만큼 Z세대 사이에서 증명사진은 인기다. 금액도 천차만별이지만 한 해를 대표하는 자기 모습을 담는 데 가치가 충분히 있다고 생각한다.

최근에 한 친구가 이미지 사진을 인스타그램에 업로드했는데 의미가 있는 사진인 것 같아 찍은 이유를 물어보았다.

"친구들과 각자의 꿈을 이루자고 약속하면서 학창 시절에 교복 입고 이미지 사진을 찍었던 적이 있다. 성인이 된 후 각자 꿈이었던 간호사, 군인, 응급구조사가 되었고, 각자의 작업복을 입고 학창 시절 때 찍었던 사진과 똑같은 포즈로 사진을 찍었다. 처음 찍었던 그날과 포즈도 친구들도 모두 변함없었지만, 목표를 향해 달려가고 있는 우리의 모습은 확실히 성장했다는 것을 느낄 수 있었다. 사진으로 추억을 기록하는 것은 그런 의미를 준다."

여권용이나 주민등록증용이 아닌 개인 소장용 증명사진은 포즈와 분위기를 자기가 원하는 대로 설정할 수 있다. 물론 이미지 사진도 자신이 원하는 콘셉트에 맞춰 찍을 수 있다. 딱딱한 분위기의 사진에서 벗어나 의미가 담긴 특색 있는 콘셉트로 촬영하면 추억의 가치를 더욱 높일 수 있다.

다이어리는 레트로 감성을 살리면서 자기 일상을 기록할 수 있는 방법이다. 학창 시절에는 일기라고 하면 초등학생 이후로 다시는 안 쓸 것이라 생각했지만, 오히려 성인이 된 후 다이어리나 일기를 쓰는 Z세대가 늘어났다. 특히 레트로가 유행한 것이 다이어리와 일기에 대한 관심을 높이는 데 한몫했다. 이전에는 새해마다 한 해의 다짐을 했다면, 이제는 새해맞이로 다이어리를 구매한다. 그리고 자기 일상을 기록한 책이 매년 쌓이는 걸 보면서 뿌듯함을 느낀다.

예능 프로그램 〈나 혼자 산다〉에 출연한 배우 설인아의 추천으로 다이어리북 《5년 후 나에게》가 화제의 책이 되었다. 책은 매일 하나의 질문에 답변하는 형식으로 구성되어 있고 총 5년 동안의 답변을 담는다. 그날 하루의 일상에 대한 사소한 질문부터 "나에게 작은 선물로 고마움을 표현한다면, 무엇을 주고 싶나요?"와 같이 자신을 되돌아보게 하는 질문도 있다. 같은 질문에 대한 5년간의 생각을 남겨서 자신의 성숙해진 모습과 삶을 소중히 받아들일 수 있다는 점이 Z세대에게 매력적으로 다가왔다.

Z세대는 자신을 기록하기 위해 SNS를 이용하기도 한다. 그중에 하나로 인스타 '부계'가 있다. 자신의 본 계정이 아닌 부계정을 새로 만들어 그 계정에 자신을 기록하는 것이다. 음악이나 그림 계정을 만들어 연습 과정을 기록할 수도 있고, 아무도 볼 수 없게 설정하여 자기만의 일기장으로 사용할 수도 있다. 또는 연인과 함께 찍은 사진을 올려 둘만의 추억을 기록하기도 한다. SNS의 장점은 자신이 기록하고자 하는 것을 자유롭게 올릴 수 있다는 것이다.

인스타그램 스토리는 자기 일상을 다른 사람들과 쉽게 공유할 수 있는 방법 중 하나다. 인스타에는 '하이라이트'라는 기능이 있는데, 이는 자기가 그동안 올렸던 스토리를 하나로 묶을 수 있는 기능이다. 하이라이트를 이용해 음식, 여행, 친구

등과 같이 주제별로 묶기도 하고 연도별로 묶기도 한다. 일상을 가볍게 공유하기 위해 올렸던 스토리가 하이라이트라는 기능으로 인해 체계적으로 정리된 개인의 기록이 되는 셈이다.

SNS에 친숙한 MZ세대 부모들은 자기 아이의 성장 스토리를 SNS에 담기도 한다. 임신을 확인한 순간부터 출산, 육아의 과정을 모두 사진 속에 담으며 아이와 함께한 일상들을 글로 남긴다. 자신이 그동안 느껴왔던 기록의 가치를 자기 아이에게 전달하고자 하는 마음도 담겨 있을 것이다.

유튜브 브이로그(V-LOG)는 자신의 일상을 동영상으로 촬영한 영상 콘텐츠를 말한다. 알바 브이로그, 여행 브이로그, 쇼핑 브이로그, 이사 브이로그 등 다양한 주제로 자신의 하루를 영상으로 기록한다. '과연 다른 사람의 일상을 궁금해할까?'라는 의문점이 들지만 인기 브이로그 영상의 조회수를 보면 10만 회가 넘는다. 자신의 일상을 기록하는 방법으로 유튜브를 이용하는 이유 중 하나는 조회수다. 조회수를 통해 자신의 기록이 다른 누군가에게 재미와 정보를 주고 있다는 것을 확인할 수 있으며, 조회수가 높아지면 수익까지 얻을 수 있다.

어느 세대든 자신을 기록하는 것은 의미 있는 일이다. 사회·과학의 발전으로 Z세대는 더 이상 예전의 방식대로 자신을 기록하지 않지만, 그렇다고 자신을 기록해야 하는 중요성을 모

르지 않는다. 오히려 자신을 기록하는 방법은 다양해졌으며, Z
세대는 그 어떠한 세대보다 자신의 기록을 활용할 줄 아는 세
대이다.

놀이

이걸 왜 하는 거야

인스타그램 챌린지의 유행을 이용하여 인기를 얻은 대표적인 챌린지로 '염따빠끄 챌린지'가 있다. 염따는 Z세대 사이에서 '힙스러움'의 아이콘이라 할 수 있는 래퍼로 '염따빠끄'라는 유행어를 만들었다. 염따빠끄 챌린지는 소주병 뚜껑 속에 무작위로 새겨져 있는 '염', '따', '빠', '끄' 네 글자를 모두 모아 인증하는 것이다. 이 챌린지는 소비자들이 최소 4병 이상을 마실 수 있도록 유도하는 방식으로 대박을 이뤄냈다.

Z세대는 해시태그로 '염따빠끄'를 다는 것으로 하나의 SNS 인증 문화를 형성했다. SNS 해시태그를 이용한 마케팅은 업계가 직접 홍보하지 않아도 소비자들 사이에서 자발적으로 홍보가 된다. #염따빠끄챌린지에 참여한 Z세대는 "챌린지 인증하는 것만으로도 인싸가 된 것 같은 기분이다. 글자를 완성하고 싶어서 생각보다 술을 많이 마셨다"라고 말한다. Z세대의 온라인

참여를 활용하여 오프라인 소비를 만들어낸 성공적인 마케팅인
셈이다.

Z세대 사이에서 유행하는 '밸런스 게임'은 짧은 시간 안에
두 개의 선택지 중 하나를 골라서 대답해야 하는 게임이다. 이
게임은 밸런스를 붕괴시킨다는 목적에 초점이 맞춰져 있어서
극단적인 상황을 제시하여 고르기 어려울수록 잘 만들어진 질
문이다.

예능 프로그램 〈런닝맨〉에서 진행된 밸런스 게임은 Z세대
의 마음을 사로잡았다. 예를 들어 이런 식이다.

더 싫은 상황은?
A. 남사친과 1박 2일 여행 가는 애인
B. 전 남자 친구와 밤새 술 마시는 애인

어느 쪽도 대답하기 힘든 이러한 질문은 SNS에서 이슈가
되었고 Z세대들은 질문에 대한 다양한 의견을 주고받았다.

Z세대의 회사생활에 대한 가치관을 밸런스 게임을 통해 확
인할 수도 있었다. 개그맨 김용명이 진행하는 유튜브 채널 '크
크루삥뽕'에서 Z세대 신입사원을 대상으로 회사생활 밸런스 게
임을 진행했다. "주 3일 일하고 월 150만 원 받기 vs 주 6일 일

하고 월 500만 원 받기"는 워라밸을 챙길 것인지, 높은 월급을 택할 것인지에 관한 질문이었다. Z세대 사이에서도 이 질문은 양측으로 팽팽하게 나뉘었다.

'주 6일 일하고 월 500만 원 받기'를 선택한 Z세대 신입사원은 "워라밸이라는 게 쉬는 것도 중요하지만 삶을 영위할 수 있도록 해주는 돈도 중요하다. 현실적으로 지금 시대에 150만 원으로는 생활이 불가능하다"는 견해를 내놓았다. 반면 '주 3일 일하고 월 150만 원 받기'를 선택한 신입사원은 다른 방법을 제시했다. 회사에서 주 3일 업무를 하고 그 외의 시간에 자신이 원하는 N잡을 하겠다는 의견이었다. 자신의 워라밸을 중요하게 생각하면서 N잡을 지향하는 Z세대의 가치관을 볼 수 있는 대답이었다.

2019년부터는 '쓸데없는 선물 선물하기'가 유행했다. 쓸데없는 선물에는 바퀴벌레 쿠션, 공주님 세트, 닭발 양말, 물고기 슬리퍼 등이 있다. '대체 왜 이런 걸 선물하는 거지?'라는 생각이 든다. 받자마자 사용되지 않고 집 어딘가에 묻히겠지만, 쓸모없는 선물을 주고받으면서 서로 웃는 시간을 보낸다면 그 순간이 쓸모 있는 추억이 된다는 점에서 Z세대에게는 하나의 놀이가 되었다.

'쓸데없는 선물 선물하기'는 생일보다는 주로 크리스마스나 연휴 휴가철에 친구들과 파티하며 즐기는 놀이다. 서로 선물을 증정하고 순위를 매기기도 한다. 실제로 친구들과 크리스마스 파티 때 '쓸데없는 선물 선물하기'를 했는데 1위는 JYP의 남친 짤 포스터였다.

Z세대의 놀이를 파악한 카카오톡은 이를 마케팅에 활용하였다. 카카오톡 선물하기에 들어가면 '쓸모없는 선물' 분류가 있다. 닭발 스타킹은 선물 만족도 94%로 후기를 보면 "쓸데는 없는데 걸어두기만 해도 웃겨요. 양말 하나로도 즐거웠습니다"라며 받는 사람과 주는 사람 모두 만족해한다. 받는 사람의 당황스럽고 어이없는 반응이 클수록 선물의 가치는 높아진다.

2021년에 친구 4명과 '쓸데없는 선물 선물하기'를 했다. 선물로 헬리콥터 모자, 코도리 등이 나왔다. 코도리는 코를 따뜻하게 해주는 용품인데 실제로 밖에서 쓰고 다닐 수는 없다. 아무도 선물 받은 물건을 사용하지 않는다. 사용하라고 준 선물이 아니기 때문이다. 그래도 선물이라 바로 버리지는 못해서 어딘가에 굴러다니다가 버려진다.

코로나19가 시작되면서 집 안에서 무료함을 달랠 수 있는 즐길 거리가 속속 등장했다. 특히 '달고나 커피 만들기'는 Z세대 사이에서 인기를 끌었다. 달고나 커피는 인스턴트커피와 물을 일정 비율로 넣고 거품이 생길 때까지 저어서 만드는 커피이다. 인정사정없이 손으로 저어야 비로소 완성된다. 전동거품기를 사용하면 훨씬 빠르고 편하게 만들 수 있지만 직접 손으로 저어 만드는 게 Z세대의 놀이다.

구글코리아에 따르면 2020년 3월 셋째 주 이후 구글에서 달고나 커피 검색량이 1,800% 증가했다고 한다. Z세대 사이에서 달고나 커피가 인기를 끌었던 것은 마시기 위해서가 아니라 만드는 과정에 도전하고 해내는 데 있다. 달고나 커피 만들기에 성공했다면 SNS에 인증샷을 올린다. 그 과정이 힘들다는 것을 모두 알고 있기에 성공 인증샷이 올라오면 다들 축하해 준다. SNS 인증까지 완료해야 '달고나 커피 만들기'는 끝이 난다.

Z세대의 놀이를 보고 기성세대는 당황스러울 수도 있다. 실제로 하는 것인지 의아하겠지만, 이 놀이들은 Z세대라면 한 번씩 해봤을 놀이다. Z세대 사이에서 크게 유행했다는 것은 어느 정도 재미가 있다는 뜻이니 한 번쯤 해보길 추천한다.

신조어

Z세대도 모르는 신조어

기성세대가 Z세대와 소통하다 보면 알아들을 수 없는 단어들이 나오곤 한다. 자기가 들은 말이 한국어가 맞긴 한 건지 의심마저 생긴다. Z세대들과 소통하기 위해서 신조어 테스트를 하며 암기해 보지만, 그 문제에 나오는 신조어들은 실제로 Z세대가 사용하지 않는 경우가 많다. 기껏 공부해서 사용했다가 언제 적 유행어냐는 말을 들을 수도 있다.

유행어의 주기가 짧아지고 있다. 과거에 유행했던 신조어들은 한번 확산되면 그 유행이 오랫동안 지속되는 경향이 있었다. 하지만 최근에 형성되는 유행어들은 빠르게 생성되었다가 또 금방 사라진다. 코난테크놀로지의 2019년, 2020년, 2021년 10대 신조어 소셜 분석 결과를 보면 매년 겹치는 신조어가 하나도 없다.

자신이 혹시 유행에 뒤떨어지고 있는 건 아닌가 하는 걱정에 '신조어 테스트'를 해본다. 그러나 그 테스트는 실제 Z세대의 유행어를 나타내고 있지 않다.

신조어 테스트

빠태	고스팅	700
완내스	남아공	갓생
주불	비담	싫존주의
스불재	랜친실안	너또다
ㅈㅂㅈㅇ	추미스	억텐
어쩔티비	쟈갸두천	kizul
방방봐	제당슈만	쉬살재빙
나일리지	ㅐ워얼V	국밥빌런

2022년 신조어 테스트를 친구 4명과 함께 해보았다. 친구들은 신조어 24개 중 4~10개 정도만 알고 있었으며, 실제로 사용하는 용어는 1~3개뿐이었다. 테스트에 참여한 친구들은 실제로 인스타그램, 블로그 등 커뮤니티를 활발하게 하는 Z세대였다.

"도대체 저건 누가 써? 진짜 저런 말을 써?"라는 반응이었다. Z세대를 제대로 모르는 사람이 신조어 테스트를 만든 것 같다는 느낌마저 받았다. Z세대도 사용하지 않는 신조어를 기성세대가 사용하는 것은 Z세대에게 거부감만 들 뿐이다.

Z세대가 진짜 사용하는 신조어들과 그 단어를 사용하는 상황을 정리해 보았다.

'TMI'는 'Too Much Information'의 약자로 굳이 알려주지 않아도 될 정보를 의미한다. "이건 TMI인데, 나 오늘 불고기 먹었다"와 같이 상대가 물어보지 않은 이야기를 할 때 앞에 덧붙인다.

'마기꾼'은 '마스크'와 '사기꾼'이 합쳐진 신조어로 코로나가 시작된 이후 생겨났다. 마스크를 착용하고 봤을 때 예쁘거나 잘생겼는데 마스크를 벗으면 그렇지 않은 사람을 이르는 말이다.

'자만추'는 '자연스러운 만남 추구'의 줄임말이다. 소개팅 같은 인위적인 만남의 반대말이다. 누군가에게 소개팅을 권했을 때 "저는 자만추에요"라고 한다면 거절의 의미이다.

'점메추/저메추'는 '점심 메뉴 추천해 주세요/저녁 메뉴 추천해 주세요'라는 뜻이다. 점메추/저메추라는 말이 들린다면 그냥 추천 메뉴를 하나 말해주면 된다.

'별다줄'은 '별걸 다 줄인다'의 줄임말로, 줄임말이 유행하면서 아무 말이나 줄여서 말하는 것에 대해 반응할 때 사용한다. 위의 신조어 테스트에 대한 Z세대 친구들의 반응 중에서도 "실제로 저런 신조어 쓰는 거 못 봤는데 저거야말로 별다줄이다"가 많았다. 기성세대가 Z세대의 유행어를 줄임말로 오해하고 아무거나 줄여서 말할 때 별다줄이라는 말을 쓰기도 한다.

특히 2021년 Z세대의 유행어는 '자존감 지킴이'였다고 평가할 수 있다. 2021년 유행어 중 '가보자고'는 쉽지 않은 상황에서 의욕을 북돋우며 하는 말이다. 또 다른 유행어 '오히려 좋아'는 예상치 못한 상황이나 부정적인 상황을 좋게 생각해 보려는 의미로 쓰인다. 예를 들면 과제를 하다가 파일이 날아간 절망적인 상황에서 "오히려 좋아. 두 번째 하는 과제는 더 좋은 결과물을 낼 수 있을 거야"라고 말하며 스스로를 다독인다. 위기 상황을 기회로 바꿔내는 것이다.

Z세대는 우울했던 코로나 시기에 이 두 개의 유행어로 자존감을 지켜내며 스스로를 위로할 수 있었다. 힘든 순간에도 "오히려 좋아. 가보자고"를 외친 결과, Z세대는 주저했을 상황에서도 일을 해내면서 긍정적이고 진취적으로 2021년을 보낸 것이다.

신조어를 사용한다고 해서 Z세대와 소통이 가능한 것은 아니다. 이미 말투에서부터 나이를 예상할 수 있다. 유튜브 채널 '픽시드'에는 209만 회 조회수를 기록한 '20대 여자 카톡방에 숨은 30대 찾기'라는 영상이 있다. 20대 4명이 있는 랜덤 채팅 방에 30대 한 명이 숨어 있다. 5명은 서로 보지 못한 채 채팅방에서만 대화를 나누고 30대를 찾아내는 것이다.

20대들은 숨어 있는 30대를 첫인사 말투만으로 찾아냈다. "안녕하세요~ 희라입니당^^"이라는 첫인사말에서 눈웃음이 단서였다. 카톡 대화 중에 오타가 날 때마다 지적한 것도 단서가 되었다. 웃음 'ㅋ'의 개수로도 알 수 있었다. 30대는 'ㅋ' 하나는 정이 없다고 2개를 사용했지만, Z세대는 그렇지 않았다. Z세대는 웃기지 않더라도 "ㅋㅋㅋㅋㅋㅋㅋㅋㅋㅋ"와 같이 'ㅋ'을 남발한다.

Z세대는 상황에 따라 사용하는 'ㅋ'의 개수가 다르다. 'ㅋ'을 하나 사용하는 상황은 기분이 나쁘거나 비웃을 때이고, 'ㅋㅋ'이라고 2개 사용할 때는 남을 비꼬기 위해서다. 3개 이상부터는 크게 나쁜 의미가 없는 단순 리액션이다. 이걸 모르는 기성세대가 Z세대와 카톡 중에 'ㅋ'을 한두 개만 사용한다면, Z세대는 나쁜 의미로 오해할 수도 있다. Z세대와의 소통 문제가 꼭 신조어의 문제는 아닌 것이다.

기성세대와 Z세대가 사용하는 소통 방식의 차이는 자칫 오해를 불러일으킬 수 있다. 스브스뉴스 '문명특급'의 한 에피소드를 보면, 기성세대 상사와 Z세대 부하직원은 메신저에서 사용하는 이모티콘 '＿＿'의 의미를 다르게 해석했다. 기성세대는 '＿＿'를 '눈 작게 뜬 미소'로, Z세대는 '정색'의 의미로 받아들였다. 만약 기성세대 상사가 격려의 의미로 Z세대 부하직원에게 '＿＿'를 보낸다면, 부하직원은 혼란에 빠지게 될 것이다.

자녀의 어휘력은?

중학생 자녀에게 아래 상자에 담긴 단어의 뜻을 적게 해보라.
세 단어 이상 정확한 뜻을 썼다면 평균 정도의 어휘력 수준인 셈이다.
하지만 리포터가 테스트한 상당수 중학생의 오답은 아래와 같다.

대관절	큰 관절
올씨년스럽다	욕??!
시나브로	신난다
개편하다	정말 편하다
오금	지하철역 이름
샘님	선생님의 줄임말
미덥다	믿음이 없다

출처: 내일교육, 2018.2

Z세대의 어휘력이 논란이 된 사건도 있었다. 어느 대학교에서 교수님이 '금일'까지 과제를 제출하라고 했는데, 학생이 금일을 금요일로 이해하여 제출하지 못한 것이다. 더 충격적인 것은 댓글의 반응을 보니 금일을 금요일로 알고 있는 학생이 많았다는 것이다. 한번은 어느 카페에서 '심심한 사과'라는 표현을 써서 사과문을 게시했는데, 그 글을 읽은 일부 젊은이들이 '심심함'을 '무료함'으로 해석하고 분노의 댓글을 달아서 한 번 더 논란이 되었다.

하지만 20년 뒤 Z세대와 알파 세대가 사회의 주축이 되었을 때 이 세대들이 모르는 단어는 더 이상 사용되지 않을 것이다. 언어는 시간의 흐름에 따라 생성, 성장, 소멸하며 변화하는 것이기에 이는 자연스러운 현상이다.

각 세대별로 어울리는 말투와 용어가 있다. Z세대가 만들어낸 신조어를 사용하지 않는다고 해서 Z세대와 소통이 안 되는 것은 아니다. 인터넷에 돌아다니는 신조어 테스트를 보면 Z세대에게도 익숙지 않은 용어들이 나온다. 기성세대가 이런 용어들을 Z세대의 유행어라 오해하고 사용한다면 Z세대에게 불편함만 줄 뿐이다. Z세대가 사용하는 신조어의 의미 정도만 알고 있다가 Z세대가 사용했을 때 알아듣기만 해도 충분하다.

정보

상황에 따라 달라지는 검색 플랫폼

Z세대는 업무상 막히는 부분을 유튜브로 채운다. 회사는 Z세대들이 입사한 후 단기간에 업무를 파악해서 빠른 일 처리 솜씨를 보여주길 원한다. 정보 사회 속에서 살아가며 직접 배움의 기회를 찾아왔던 Z세대는 자신의 부족한 부분을 온라인 강의를 통해 메운다. 실무에 직접적인 도움을 받을 수 있다면 과감하게 비용을 지불하고 퇴근 후 시간을 투자한다.

　　사내 협업 툴 개발회사 토스랩에서 발간한 리포트에 따르면, 자신의 성장을 위해 정기적으로 시간을 투자한다고 대답한 직장인이 87.8%이다. 특히 MZ세대가 성장하기 위해 활용하는 수단으로는 유튜브가 89.9%를 차지했다. Z세대가 정기적인 시간과 주기적인 비용을 투자하는 이유는 회사에서의 승진보다 자신의 미래와 성장을 위해서다.

　　Z세대의 유튜브 사용은 학창 시절부터 시작된다. Z세대는

공부하려고 책상에 앉으면 유튜브부터 실행한다. 공부 콘셉트 ASMR은 학습에 집중할 수 있는 배경음을 제공하는 유튜브 콘텐츠다. 장작 타는 소리, 비 오는 소리, 서울대학교 도서관 소리 같은 배경음으로 학습 공간과 분위기를 설정하는 것이다.

다른 사람이 공부하는 영상을 보면서 공부하기도 한다. '스터디윗미'는 카메라로 자신의 공부 장면을 보여주며 시청자들과 함께 학습하는 콘텐츠다. 유튜브에 '스터디윗미'라고 치면 실시간 공부 방송을 하는 영상들이 많이 나온다. 함께 공부하는 느낌이 들면서 동기부여를 받아 집중에 도움이 된다. 때로는 자신의 공부 장면을 찍으면서 동기부여를 받기도 한다.

디지털 미디어랩 나스미디어가 2019년 3월에 발표한 '2019 인터넷 이용자 조사'에 따르면, 국내 인터넷 이용자의 60%가 유튜브에서 정보를 검색한다고 답했다. 그중에서도 Z세대는 10명 중 7명이 유튜브를 검색 수단으로 이용하고 있었고, 하루 평균 모바일 동영상 시청 시간은 120분 이상으로 전 연령층에서 가장 높았다.

Z세대는 재테크 정보를 유튜브에서 얻는다. 신문이나 뉴스에 의존하던 이전 세대와 달리 디지털 사용에 익숙한 Z세대는 유튜브를 통해 국내 주식 현황과 이슈들을 손쉽게 파악하고 재테크 정보를 얻는다. 신한라이프 상속증여연구소의 설문조사

에 따르면, 재테크 및 금융 관련 정보를 확보할 때 경제 블로거나 유튜버를 신뢰한다고 밝힌 MZ세대는 20.1%에 달했다. 이는 부모 세대의 응답률 8.1%보다 약 3배나 많은 수치이다. 반면 은행원 등 금융기관 직원을 신뢰한다고 밝힌 MZ세대 응답자는 18.8%였다.

Z세대는 온라인 쇼핑을 할 때도 유튜브 후기에 의존한다. 제품을 구매하기 전에 쇼핑몰이 아닌 유튜브에서 후기를 찾아보는 것이다. 쇼핑몰에 올라온 후기는 광고성 후기라는 것을 알고 있다. 물론 유튜브 후기도 협찬을 받아 홍보하는 경우가 있지만, 유튜버는 장점과 단점을 솔직히 언급할 것이라는 믿음이 강하다. MZ세대 중 유튜브 리뷰를 보는 것만으로 제품에 대한 체험을 충분히 했다고 생각하는 응답자는 36.4%였다.

Z세대는 취업 준비도 유튜브로 한다. 자기소개서, 면접 질문, 필요한 역량, 회사생활 등 채용 정보만으로는 얻기 힘든 정보들을 유튜브에서 찾을 수 있다. 유튜브에서는 현직자와 퇴사자들이 자기 회사에 대한 정보를 전달할 때 제약을 두지 않는다. 그렇기에 Z세대는 기업 평가 사이트보다도 유튜브를 신뢰한다.

기업들은 이런 Z세대의 특징에 맞춰 유튜브를 통해 기업 채용 정보를 알리고 있다. 삼성, 현대자동차, SK, LG, 롯데 등

주요 대기업과 IT 기업들은 채용 유튜브 채널을 개설하여 운영한다. 이 채널들은 Z세대 취준생들의 관심을 끌면서도 각 기업의 특색을 잘 드러낸 영상들로 높은 조회수를 기록하고 있다.

현대자동차 채널에서는 조직문화와 직원들의 회사 일상을 보여주는 브이로그가 큰 인기를 끌었다. CJ 채널에서는 현직자가 말하는 직무 소개와 해당 직무에 필요한 역량 등 취준생에게 도움이 될 만한 내용을 요약해서 설명했다. 삼성 채널에서는 직원의 일상, 해외 출장 브이로그, 신입 연수, 자기소개 꿀팁까지 입사를 꿈꾸는 취준생의 관심을 끌 만한 내용으로 영상을 만들었다.

광고라면 질색하는 Z세대가 유튜브에서는 오히려 광고를 원하기도 한다. 유튜브 영상 중간중간에는 10초 남짓한 길이의 광고를 넣는 것이 일반적이지만 하나도 넣지 않는 유튜버도 있다. 그런 유튜버에게 구독자들은 "광고 좀 넣어요. 광고 넣어서 돈 벌고 좋은 영상 쭉 만들어주세요"라고 반응한다. Z세대는 광고를 일종의 구독료라 여기며 좋은 영상을 만들어내는 유튜버라면 당연히 받아야 하는 것으로 여긴다.

유튜브가 2018년에 시장조사 전문기업 엠브레인을 통해 실시한 '유튜브 러닝 콘텐츠 활용 현황 조사'에서는 원하는 정보 및 지식을 유튜브에서 배우게 되면서 학원이나 도서 등 이전의 정보 습득 방법을 더 이상 활용하지 않거나 병행하더라도 그 활용 정도가 감소했다는 응답이 50.15%로 과반수를 차지했다. 배움의 목적으로 유튜브 동영상을 시간 날 때마다 틈틈이 시청한다는 응답이 41.4%였는데, 유튜브에는 방대한 분야의 지식이 공유되고 있기 때문이다.

자격증을 따고 싶을 때 유튜브에서 검색만 해도 무료 강의와 학습법들이 무수히 많다. 심지어는 7일 공부법, 한 달 공부법, 직장인 공부법 등과 같이 자신의 상황에 맞는 공부법도 제시해 준다. 취미생활도 유튜브로 해결할 수 있다. 헬스, 베이킹, 드로잉과 같이 평소에 하고 싶었던 취미를 배우기 쉽고, 어쩌면 상상하지 못했던 새로운 취미를 발견할 수도 있다.

만약 회사생활에 적응하기 어렵다면 '회사생활 꿀팁', '회사생활 잘하는 법' 같은 영상을 보면 된다. 영상의 댓글을 보면 "갓 입사한 신입으로 첫 사회생활인데 아무도 제게 사회생활에 대해 알려준 적이 없어요. 이렇게 영상으로 제가 필요한 부분을 깨달을 수 있어 좋습니다"라는 Z세대 신입사원의 반응도 있고, "제가 30년 전 직장 생활을 할 때 이 강의를 들었다면 좀 더 현명하게 생활할 수 있었을 텐데요"라는 기성세대의 반응도 있다.

Z세대는 회사생활 잘하는 법, 직장 상사와 소통하는 법, 실무 역량 키우는 법과 같이 유튜브가 아니었다면 얻기 어려웠

을 정보들을 스스로 찾아 학습한다. 전에는 이미 사회생활을 하고 있는 선배에게서만 정보를 얻을 수 있었다면, 유튜브에서는 사회생활을 시작하는, 하고 있는, 이미 마친 사람들의 진짜 이야기들을 찾아볼 수 있다. 이런 점에서 유튜브는 Z세대의 대표 플랫폼이 된 것이다.

Z세대는 검색하는 정보가 무엇인지에 따라 사용하는 SNS 플랫폼이 다르다. 맛집을 찾을 때는 주로 인스타그램을 이용한다. 인스타에서 '맛집'만 검색해도 해시태그로 3,078만 개의 게시물이 나온다. 제품의 후기를 검색할 때는 주로 유튜브나 블로그를 이용한다. 제품의 솔직한 장단점을 얻기 위해서는 영상을 통해 정보를 전달하는 유튜브나 긴 글을 작성할 수 있는 블로그로 정확한 정보를 얻을 수 있다. 데이트 장소나 여행지를 검색할 때는 주로 유튜브의 일반인 브이로그를 이용한다.

Z세대에게 정보검색 대표 플랫폼은 유튜브다. 유튜브는 SNS 플랫폼보다 유용하고 방대한 정보들을 담고 있으며, 온라인 강의 플랫폼보다 자신의 상황에 맞는 진짜 필요한 정보들을 제공한다. 영상을 중심으로 같은 목표를 가진 사람들끼리 모이며, 조회수를 통해 자신과 비슷한 상황에 있는 사람들로부터 공감과 위안, 격려를 얻는다. Z세대에게 유튜브는 자신을 성장시키는 도구이다.

취업

Z세대의 최대 고민

기성세대는 대학 서열이나 학점이 낮더라도, 토익 점수가 없더라도, 흔히 말하는 '스펙'이 별거 없더라도 취업하는 데 크게 어렵지 않았다. 대기업 취업의 문턱도 그다지 높지 않았다. 사교육 받은 걸로 치면, Z세대는 다른 어느 세대와도 비교할 수 없다. 하지만 Z세대에게 취업의 문은 그 어느 세대보다도 좁다.

　　다음은 20대를 다룬 유튜브 동영상의 댓글이다.

"지금 Z세대의 대부분은 고등교육은 물론 대학 교육까지도 필수인 것처럼 되어버려 학벌로는 더 이상 변별력이 없어요. 그래서 이것저것 자격증, 스펙을 미리미리 많이 쌓으려고 해요. 이제 대학교 2학년인데 친구들은 벌써 취업을 준비하고 있어요. 어른들은 분명 대학만 가면 놀 수 있고 다 잘될 것처럼 말씀하셨는데 지금 그렇게 놀면 뒤처지는 건 시간문제에요."

2017년 1월 대선 후보로 거론되던 반기문 전 유엔 사무총장은 '꼰대 프레임'에 발목이 잡혔다. 그는 청년실업 문제를 언급하며 "정 일자리가 없으면 봉사로라도 세계 어려운 데를 다녀보는 게 중요하다. 젊어서 고생은 사서도 한다는 말이 있다. 세계 인류와 같이 고통을 나눠보겠다는 정신이 필요하다"라고 말했다. 그러나 청년들의 반응은 달랐다.

"이제는 취업을 위해 열정페이를 넘어서 돈을 내고 자원봉사를 하란다."

Z세대는 기성세대가 현재의 자신들만큼 취업 스펙을 준비하지 않았다고 생각한다. 기성세대는 유학을 다녀오지 않아도, 영어를 못하더라도 노력만 한다면 신의 직장에 들어가는 것이 가능했다. 하지만 지금은 영어는 필수이고 그 외의 언어, 자격증, 실무경험, 봉사활동까지 해야 한다.

이전 세대는 기회가 적었다고 한다면, Z세대는 기회 자체가 없다. Z세대의 시작이라고 할 수 있는 1996년생이 취업 시장에 나왔을 때 코로나가 터졌다. 취업포털 인크루트의 2021년 1월 조사 결과에 따르면, 2019년 하반기 49.6%였던 신입 공채 비율이 2020년 하반기 39.6%, 2021년 상반기 30.1%로 줄었다.

이후에도 경력직 수시 채용이 선진국형 채용이라는 이유로 공채를 늘리지 않고 있다.

안 그래도 취업의 문은 좁아졌는데 이제 기업은 경력직을 찾는다. 2014년 잡코리아가 기업 채용 담당자 592명을 대상으로 서류전형 당락을 좌우하는 요소를 설문 조사한 결과 '지원자의 경력 사항'이 57.8%를 차지했다. 경력이 없으니 취업할 수 없고, 취업을 못 하니 경력을 쌓을 수 없다.

이력서에는 직무경력 칸이 존재한다. 막 대학을 졸업한 취준생들이 그 칸을 채울 수 있는 것은 인턴 경험밖에 없다. 그러다 보니 인턴은 3, 4학년 때 쌓아야 할 필수 스펙이 되었고, '인턴난'과 '금턴'이라는 단어도 생겨났다.

인턴은 채용 연계형과 체험형 두 종류로 나뉜다. 채용 연계형 인턴은 근무 기간 종료 후 정규직으로 전환되는 제도이고, 체험형 인턴은 정규직 전환 없이 일정 기간 근무하고 스펙을 쌓는 단기 일자리이다.

체험형 인턴은 최저임금도 못 받기도 하고 짧은 업무 기간으로 실무적인 배움을 얻기도 어려운데 경쟁률은 점점 높아지고 있다. 2020년 공기업과 금융업의 체험형 인턴 경쟁률은 각각 15:1과 24:1이었다. Z세대도 체험형 인턴의 단점을 알고 있지만 기업이 직무 경험이 있는 지원자를 선호하기 때문에 인턴 경쟁 속에 뛰어들 수밖에 없다. 기업은 체험형 인턴 경험자에게 정식 채용에서 5~10%의 가산점을 부과하거나 서류전형을 면제해 주는 등의 이점을 제공한다.

다른 인턴에 지원하기 위해 먼저 체험형 인턴에 지원하는 취준생도 있다. 대기업이나 공기업 인턴으로 선발되기 위해서는 직무 경력이 필요하기 때문이다.

"졸업하기 전부터 공채 준비를 하다가 결국 포기하고 중소기업에 갔습니다. 하지만 시간이 지날수록 더 암담하기만 합니다. 너무 치솟아서 쳐다도 못 보는 집값, 짧아지는 청년, 점점 더 치열해지는 일자리, 제자리인 내 월급이 현실입니다. 저는 부모님 나이 때에 어떻게 살고 있을까 생각하면 서글퍼집니다."

기성세대는 Z세대들이 욕심이 많다며 눈을 조금 낮춰 중소기업에 취업하라고 추천한다. 그러나 정작 자기 가족과 지인에게는 그렇게 말하지 않는다. 중소기업의 현실을 알고 있기 때문이다. 하지만 대기업의 취업 문턱이 점점 높아지고 있기 때문에 3~4년 후 이직을 생각하면서 우선 중소기업에 입사하게 된다.

'22년 차이 취업준비생 비교'는 2016년에 발표된 자료지만 Z세대 취업준비생들에게도 크게 와닿는 자료이다. 20~30년 전

22년 차이 취업준비생 비교

1992년 졸업		2014년 졸업
	서울대 독어독문학과	
2.70	학점	3.64
없음	어학점수	토익 965 토익스피킹 레벨7
운전면허증 1종 보통	자격증	한국사능력시험 1급 한자능력시험 2급 MOS 마스터 컴퓨터활용능력 1급
없음	기타경력	독일 교환학생 6개월 교육 봉사 100시간
입사 추천받아 대기업 건설사 합격	결과	대기업, 공기업 등 23곳 지원해 모두 불합격

출처: 프레시안, 2016.2.29

과 비교했을 때 지금은 스펙이 뛰어난 취준생들이 넘쳐난다.

주변 취준생들을 보면 스펙을 위해 온갖 활동을 한다. 대학 4년 동안 놀지 않고 취업 준비만 했다고 해도 과언이 아니다. 자신의 대학 생활과 졸업 후 시간까지 쏟아부어 준비한 스펙으로 중소기업에 들어가라고 하면 기분 좋게 입사할 Z세대는 없다. "Z세대는 눈이 높아 더 좋은 직장과 더 높은 연봉을 바란다"라는 기성세대의 말은 틀렸다. Z세대는 치열한 경쟁 속에서 눈을 높여도 될 만큼의 고스펙을 쌓았다.

《이데일리》에 따르면 한 중소기업 입사자는 "원하는 기업에 붙을 때까지 마냥 기다리고 있을 순 없어 일단 눈높이를 낮춰 입사한 뒤에 경력을 쌓고 이직하려는 거죠"라고 말했다고 한다. 처음부터 더 좋은 기업으로 이직할 계획을 가지고 중소기업에 입사한 것이다. 공채가 줄고 수시 채용이 늘어나면서 기업에서 실무에 바로 적용할 수 있는 직무 역량을 요구하는 탓이다.

중소기업의 입장에서는 채용 시 구직자의 이직 가능성을 배제할 수 없다. 잡코리아가 2021년 8월 중소기업 328개 사의 인사담당자를 대상으로 '중기 신입사원 조기 퇴사 현황'에 대해 설문 조사한 결과 64.9%가 '입사한 지 1년 안에 퇴사한 신입사원이 있다'고 답했으며 그 이유로는 '다른 기업에 취업해서'(13.1%)가 2위를 차지했다.

"25살 여자고 중소기업에서 일하고 있어요. 취업하면 부모님 용돈도 몇십씩 드릴 수 있을 줄 알았는데 월급이 190이라 저축하고 나면 그것도 힘들더라고요. 부랴부랴 취업하긴 했는데 여기가 맞나 싶고 긴가민가해요. 근데 친구들, 선배, 후배들 보면 요즘 취업 준비가 너무 힘들어 보여서 퇴사할 용기도 없어요."

3~4년 후 이직을 생각하면서 중소기업에 입사했지만 막상 그때가 되면 퇴사를 마음먹기 힘들다. 주변 사람들을 보면 취업 준비가 점점 더 힘들어지고 있다는 것을 알 수 있기 때문이다. 대기업 취직을 위해 중소기업에 취업했는데 대기업으로의 이직은 바늘구멍이다. Z세대가 오랜 취업 준비 기간을 가지더라도 첫 직장을 중요시하는 이유다.

Z세대의 가장 큰 고민은 좁은 취업 문이다. 기성세대는 눈을 낮추라 하지만 Z세대는 낮출 만큼 낮췄다. 대학 생활 내내 취업을 준비하며 보냈는데 이제는 스펙으로 실무경험까지 바라니, 중소기업의 입사도 스펙을 쌓기 위함이 되었다. Z세대는 자신의 노력에 대응하는 결과를 바란다.

워라밸

저녁이 있는 삶을
살고 싶어요

Z세대는 힘든 일을 기피하지 않는다. 힘든 일을 했을 때 그만한 보상을 받지 못한다고 생각하면 안 하는 것이다. 취업난을 해결한답시고 눈을 낮추면 갈 수 있다는 일자리들을 홍보하지만, Z세대가 갈 리가 없다. 그런 일자리에서는 비전이나 가치를 찾기 어려우며 자신의 정당한 권리조차 보장받기 어려운 경우가 많기 때문이다.

2019년 한국은행에서 조사한 '하향 취업의 현황과 특징' 보고서에 따르면, 대학 졸업자가 고졸 이하 학력을 요구하는 곳에 하향 취업했다가 이를 발판으로 1년 뒤 대졸 이상 학력을 요구하는 곳에 취업하는 비율이 4.6%라고 한다. 2년 후에는 8.0%, 3년 후는 11.1%이다. 이 조사 결과는 한번 하향 취업을 하게 되면 적정 취업으로 전환할 기회가 거의 없다는 것을 보여준다.

대학 4학년이 다가오면 슬슬 휴학할 준비를 한다. 대학 생활 내내 취업 준비를 해왔지만, 다들 1년 동안 휴학하며 쌓는 넘치는 스펙으로 입사 지원하기 때문에 경쟁 속에서 어쩔 수 없이 휴학을 하는 것이다. 이러다 보니 4년제 대학이 아니라 5년제 대학이라는 말도 나온다.

Z세대 취준생 사이에서는 기업이 졸업자보다 졸업예정자를 선호하기 때문에 졸업을 유예하는 것이 유리하다는 소문도 있다. 그래서 졸업예정자의 신분을 유지하기 위해 휴학하는 경우도 많이 볼 수 있다. 실제로 나는 조기 졸업을 준비하던 중 "요즘은 조기 졸업보다 졸업을 유예하는 추세인데 그걸 왜 해?"라는 말을 듣기도 했다. 고스펙으로 경쟁하는 시대에 졸업하자마자 취업이 되었다면, 4년을 정말 열심히 살았거나 눈을 낮추었거나 둘 중 하나이다. 하지만 여기서 Z세대들이 눈을 더 낮추게 되면 아르바이트 최저임금 수준과 다를 바 없다.

첫 취업의 중요성을 아는 Z세대는 졸업 후 취업 준비 기간을 가진다. 2021년 통계청에서 발표한 '2021년 5월 경제활동인구 조사 청년층 부가 조사'에 따르면 졸업 후 첫 일자리가 임금근로자인 경우, 첫 취업 평균 소요 기간은 10.1개월이라고 한다. 하지만 그렇게 오랜 준비 기간을 거친 후 취업하더라도 언제 잘릴지 모르는 것이 현실이다. 이는 Z세대가 공무원을 선호하는 이유이다. 요즘 시대에 평생직장과 노후보장이 되는 직업은 찾기 어렵다.

9급 공무원을 원하는 Z세대에게 기성세대는 '요즘 Z세대는 열정이 사라지고 도전 정신이 없다'라고 반응한다. 취업난에 공무원 시험 역시 합격하기 힘들고 피 터지게 공부해야 한다. 2022년도 9급 국가직 공채 선발시험 원서 접수 결과에 따르면, 행정직군 4,996명 모집에 14만 1,733명이 지원했다고 한다. Z세대가 도전 정신이 없기 때문에 공무원 시험을 준비하는 것이 아니다. Z세대에게 주어진 적은 선택지 중에서 가장 가능성 있어 보이는 것에 도전하는 것일 뿐이다.

《매일경제》에 따르면 이제 막 전역한 대학생이 자퇴를 고민하면서 "학교 다니면서 잡다한 대외 활동 스펙을 만드는 대신 군대에서 모아둔 돈이 있을 때 공무원 시험을 준비할 계획"이라고 말했다고 한다.

Z세대에게는 공무원이 공정한 출발선이라 느껴진다. 취업 준비를 시작하기도 전에 상위권 대학교 학생들에게 경쟁에서 밀렸다고 생각하는 게 일반적인데, 공무원은 대학의 레벨도, 잡다한 대외 활동 스펙도 필요하지 않다. 공무원은 치열한 경쟁 속에 등급이 나누어진 Z세대들에게 내려진 동일한 기회이다.

Z세대는 오랜 취업 준비 기간을 거쳐 취업한 직장에서 해

고의 두려움에 떨고 싶지 않다. 자신이 노력해서 성공한 취업인 만큼 안정적으로 정년까지 머무르고 싶다. 이왕이면 직장인으로서의 기본 권리까지 보장받고 싶다. 공무원의 장점은 월급이 적더라도 워라밸은 확실히 보장된다는 것이다. Z세대는 직장 생활을 통해 저축해서는 내 집 마련조차 할 수 없는 현실을 잘 알고 있다. 이런 상황에서 회사에 헌신한다고 크게 달라질 게 없다는 것도 알고 있다. 그래서 Z세대는 미래를 위해 자신의 현실을 희생하기보다는 일과 삶의 균형이 잘 맞춰진 근무환경을 찾아 떠나는 쪽을 선택하는 것이다.

'워라밸'은 일과 삶의 균형이라는 의미인 'Work-Life Balance'의 줄임말이다. 1970년대 후반 영국에서 개인의 업무와 사생활 간의 균형을 뜻하는 단어로 처음 등장했다. 최근 구직자들은 수입보다는 워라밸을 더 추구한다. 현대모비스는 사회적 거리두기 캠페인에 발맞춰 시행해 오던 재택근무제를 공식 제도로 도입했으며, 월 단위로 산정한 근무 시간 내에서 자율적으로 출퇴근 시간을 관리하는 선택적 근로시간제를 도입했다. 자율적이고 능동적인 조직문화를 확립하기 위해서다.

Z세대는 자기 자신이 최우선이 된 사회에서 일과 나의 삶을 분리한다. 《매일노동뉴스》에 따르면 청년들이 생각하는 좋은 일자리의 상위 세 가지 응답은 '좋은 워라밸(22.9%)', '높은 임

금(19.1%)', '자신의 적성 및 흥미(12.7%)'였다. 높은 연봉이지만 바쁜 삶이냐, 그보다 낮은 연봉이지만 저녁이 있는 삶이냐는 Z세대 구직자들이 한 번쯤 하게 되는 고민이다.

Z세대가 워라밸을 중시한다고 야근을 절대 안 하겠다는 것은 아니다. 단, 구체적이고 정당하면서 본인이 야근해야 하는 것에 공감이 되는 업무여야 한다. 위 직급의 실수나 게으름으로 인한 야근은 할 생각이 없다. 야근을 하더라도 노동법에 따라 추가 수당을 정확히 받아야 한다. 회사가 원하는 추가 수당 없는 초과 근무는 거절한다. Z세대가 무료 봉사를 거절한다고 야근을 안 하려는 세대라고 오해해서는 안 된다.

2장

Z세대의
사고방식, 가치관

아싸

소속감 없는 인간관계

Z세대는 사소한 취향으로도 쉽게 모이고 헤어진다. Z세대는 언제든 나오고 들어갈 수 있는 느슨한 관계 속에서 유대감을 느끼고 싶어 한다. 소속감은 느끼되 부담감은 느끼고 싶지 않다는 것이다.

서로 아주 작은 공통점이 있다면 그걸 바탕으로 많은 사람이 뭉친다. 무리에 속하기 위한 특별한 조건이 필요하지 않으며, 무리에서 나가기 위한 제약도 존재하지 않는다. 심지어는 무리에서 교류나 소통을 할 필요도 없다. 그냥 비슷한 공통점이 있다는 정도가 끝이다.

'민초파'와 '반민초파'는 Z세대 사이에서 큰 논쟁이었다. 민초파는 민트초코를 좋아하는 사람이고, 반민초파는 민트초코를 좋아하지 않는 사람을 뜻한다. 민트초코의 상쾌함을 좋아하는 민초파에게 반민초파는 '왜 치약을 돈 주고 사 먹느냐?'라며 반박한다. 이는 상대방의 취향을 비난하려는 목적이 아니라 공통점을 가진 무리에서 소속감을 느끼려고 하는 하나의 놀이다.

출처: 웃긴대학

민초파와 반민초파는 자신을 소개할 때 하나의 프로필이 될 만큼 이슈였다. SBS 연예뉴스에서 다음과 같은 기사가 보도되기도 했다.

"호불호가 갈리는 '민트초코맛'을 선호한다고 밝혀왔던 가수 아이유가 달라진 마음을 고백해 전국 '민초파'에게 충격을 안겼습니다."

전국 민초파들은 '민초 중도파'를 선언한 아이유에게 "언니 실망이에요"라며 댓글을 달았다. 민초파나 반민초파에 들어가기 위해서는 그저 자신의 취향만 확고하면 된다. 전국에 있는 민초파나 반민초파와 소통하고 교류할 필요도 없다. 사실 그 무리에 누가 속해 있는지조차 알지 못한다. 민초파였다가 반민초파로 갈아타도 아무도 뭐라 하지 않는다.

　이러한 인터넷 속 유대 관계는 단순한 놀이에 그치지 않았다. 과거에 유행했던 탕수육 부먹/찍먹 논쟁이 순수한 놀이로 끝난 것에 비해, 민초/반민초는 산업계에 실질적인 영향을 미친 것이다. 민초 논쟁은 민트초코를 선호하는 사람들이 소수라는 전제가 깔려 있다. 그로 인해 소수 인원이 강한 유대감을 형성한다는 차원에서 시작되었다. 식품 유통업계에서는 이런 트렌드에 민감하게 반응하여 적극적으로 마케팅에 이용했다.

　민트초코 소주, 민트초코파이, 롯데샌드 민트초코, 다이제 씬 민트초코 등 유명 브랜드들이 민트초코 버전을 출시하기 시작했다. 2020년 하반기부터 1년간 출시된 민트초코맛 신제품이 무려 100여 개에 달한다고 한다. 특히 민트초코 소주는 출시 한 달 만에 100만 병이 판매되었다. 이러한 제품들은 민트초코를 아예 모르고 있던 사람들의 관심마저 끌었고, 궁금증을 풀기 위해 그 맛을 봤다가 민초파로서의 눈을 뜨게 되는 경우도 있었다. 기업의 입장에서는 설득이 필요했던 잠재적 소비자를 놀이를 통해 적극적 소비자로 만들게 된 것이다.

민초 논쟁은 딱히 할 말이 없을 때 풀어가는 하나의 대화 수단이기도 하다. "혹시 민트초코 좋아해요?"라고 물어보면서 대화를 시작하기 좋다. 상대방은 좋아하면 공감하고, 싫어하면 반대하면 된다. 이런 대화는 나중에 함께 아이스크림을 사러 갔을 때 "민트초코 같은 이상한 거 빼고 아무거나" 혹은 "디저트는 시원하고 깔끔하게 민트초코로"라고 말해서 어색해지는 상황을 미리 방지할 수도 있다.

이렇게 공통점을 가진 집단으로 나뉘어 의미 없고 사소한 논쟁을 하는 것이 어리석거나 불필요하게 느껴질 수도 있다. 하지만 이런 논쟁은 정치 문제처럼 사회적으로 민감한 이슈가 아니기 때문에 자신의 취향만 확고히 알고 있다면 누구나 참여할 수 있다. 또한 집단 내에서는 세대나 지위와 상관없이 평등하기 때문에 누군가와 소통하는 데에도 부담이 없다. 같은 취향을 가지고 있다는 이유만으로 집단 내에서 연대감을 느낄 수 있고, 가벼운 논쟁을 통해 취향의 다름에 대해 이해할 수 있다.

《투데이신문》에 따르면 27세의 한 직장인은 재수해서 대학교에 입학했으나 동기들과 성향이나 가치관에 차이가 있어서 자발적 아싸로 살았다고 한다. '아싸'는 아웃사이더의 줄임말로 무리와 어울리지 않는 사람을 말한다. 그는 동기들과 함께 대학 생활을 하는 대신 국토대장정에 참가했는데, 같은 목표

의식을 가지고 모인 사람들이라 대화가 잘 통해 친목도 다질 수 있었다. 지금은 취미생활에 필요한 정보 수집을 위해 가벼운 동호회를 가입할까 고민 중이라고 한다.

Z세대는 자발적 아싸가 되어가고 있다. 기성세대는 공동체에 많은 시간과 에너지를 쏟았다면, Z세대는 자신을 희생하면서까지 공동체에 헌신하고 싶지 않다. 차라리 스스로 아싸가 되어 혼자만의 시간을 확보하고 싶다. 적당한 거리를 둘 수 있는 집단에서는 자신이 원할 때만 시간과 에너지를 쏟을 수 있으며 눈치를 볼 필요도, 인간관계에 스트레스받을 필요도 없다.

스스로 아싸를 선택한 Z세대지만 인간관계가 끊어지는 것을 원하지는 않는다. 단지 그들은 끈끈한 인간관계보다는 느슨하고 가벼운 인간관계를 선호한다. 나와 공통된 취미를 갖고 있는 사람들과 필요할 때 소통할 수 있는 가벼운 관계를 추구한다. 이미 사회에서 인간관계로 인해 충분히 스트레스를 받는 Z세대는 자신의 여가를 위한 모임에서까지 스트레스를 받고 싶지 않다.

주변 Z세대 친구들을 보면 스스로를 '아싸'라고 지칭한다. 남들이 보기에는 수많은 관계와 모임을 가지고 있지만, 가볍고 폭넓은 인간관계를 갖는 그들 스스로 소속감이 없다고 느끼기 때문이다. 나 역시 다양한 학교 활동과 대외 활동에 참여하고 있지만, 항상 동네 친구들에게 인간관계에 대한 고민을 토로한다. Z세대가 넓은 인간관계를 갖고 있어도 외롭다고 느끼는 이유이다.

Z세대는 느슨하고 가벼운 연대를 추구한다. 사소한 공통점으로 모이는 집단은 출입이 자유롭고 부담이 적다. 동일한 관심사를 함께 공유하면서 친목을 도모하고 그 안에서 연대감과 소속감도 느낀다. 공통된 관심사에 대한 정보를 얻기도 하고 도움을 받기도 한다. 금방 질려서 모임을 나오더라도 아무도 뭐라 하지 않는다.

기성세대들은 Z세대가 깊은 인간관계 자체를 맺기 싫어하는 것이 아님을 알아야 한다. Z세대는 고립되지 않으면서도 자신의 생활에 간섭받지 않는 선이 필요한 것이다. 그러기 위해서 가벼운 모임은 가장 실용적인 방법이다.

역주행

유통기한 결정권은
우리에게 있다

Z세대에게는 옛날에 묻혔던 것을 다시 뜨게 하는 힘이 있다. Z세대가 자라온 온라인 사회에서는 물리적인 시공간의 제약이 없으며 콘텐츠는 영원하다. 즉, 과거와 현재의 구분 없이 소비가 가능하다는 것이다. 특히 그러한 제한 없는 소비에 대해 알고리즘은 강력한 영향력을 가진다. Z세대에게는 온라인 사회와 알고리즘만 있다면 콘텐츠가 언제 나온 것인지는 중요하지 않다. 콘텐츠의 시간은 Z세대의 소비와 함께 흘러간다.

역주행 현상은 시간 제약이 없는 콘텐츠의 대표적인 사례이다. '역주행' 하면 '무야호'를 떠올릴 수 있다. 무야호는 2010년 3월 MBC 〈무한도전〉의 '알래스카에서 김상덕 찾기' 편에서 나왔던 말이다. 알래스카 한인회에서 만난 한인회장 할아버지에게 "혹시 〈무한도전〉 많이 보세요?" 하고 질문하자 "저희가 많이 보죠"라며 당당하게 대답했다. 그러자 기쁜 마음에 노홍

철은 〈무한도전〉의 공식 구호인 "무한~"을 외쳤지만 할아버지는 '도전'이 아닌 "무야호"라고 뜬금없는 대사를 외친다. 민망한 상황을 모면하기 위해 정형돈은 "그만큼 신나시는 거지"라고 말을 한다.

방영 당시 무야호는 시청자들에게 재미는 주었지만 지금만큼 인기를 얻지는 못했다. 2018년에 〈무한도전〉이 종영되고 한참이 지난 2020년 후반 무야호는 뜬금없는 역주행을 맞으면서 대표적인 유행어가 되었다. MBC는 종영된 〈무한도전〉을 짧은 클립으로 볼 수 있도록 유튜브 채널에 올리기 시작했고, '무한도전에 등장했던 레전드 일반인'이라는 클립에 나온 무야호 할아버지가 급유명세를 치르게 된 것이다.

무야호의 다양한 변형 버전이 쏟아져 나왔으며, 더 많은 사람이 이 말을 사용하게 되었다. 별 의미가 없는 말이지만 문장 뒤에 덧붙여 말하거나 리액션으로 무야호를 사용했다. 종영된 〈무한도전〉에 대한 그리움, 어이없는 상황과 무야호 할아버지의 귀여움, 뜬금없이 역주행하게 된 클립, 무야호의 다양한 변형 버전 등이 복합적으로 결합해 엄청난 인기를 얻게 된 것이다.

브레이브걸스의 〈롤린〉 역시 역주행 현상의 또 다른 대표 사례이다. 2011년에 데뷔한 브레이브걸스는 10년간 무명의 길을 걸었다. 그런 힘든 상황 속에서도 단 7만 원의 수고비를 받으면서 위문공연만은 이어나갔다. 2017년 발매된 〈롤린〉은 군대 내에서는 인기를 끌었는데 정작 사회에서는 아무도 알지 못하는 곡이었다.

2021년 2월 유튜브에 '브레이브걸스_롤린_댓글모음'이라는 제목의 영상이 공개되었는데, 3일 만에 130만 조회수를 달성하더니 결국 각종 음원 차트 정상을 휩쓸었다. 특히 군인들의 열성적인 떼창과 브레이브걸스의 오랜 노력이 한몫했고, 유튜브 알고리즘에 의해 한순간에 역주행하게 된 것이다.

유튜브 영상에는 "이 역주행이 너무 좋은 게 몇 년간 이득이 안 되는데도 백령도까지 와서 흙먼지 마셔가며 수많은 위문 열차마다 열정적으로 보여준 가수, 그런 가수를 끝까지 지원하며 버티다가 포기하려던 소속사, 힘든 여건 속에서 가수를 열광적으로 응원해 준 군 생활하는 장병들, 그런 모습을 알려보고자 한 작은 유튜버까지 각자의 고된 상황에서 최선을 다한 이런 에너지들이 모두에게 반향을 일으킨 듯", "역시 유튜브 알고리즘이 대단하긴 하다. 알고리즘이 사람을 살렸네"와 같은 댓글이 달렸다.

2021년 도쿄 올림픽 체조 부문에서 여서정 선수가 동메달을 받게 된 순간, 유튜브 'KBS 교양 채널'에는 여서정 선수의 2010년 인터뷰 영상이 업로드되었다. 해당 영상에서 여서정 선수는 "2020년 올림픽에서 올림픽 메달리스트가 되는 것이 바람이다"라고 이야기한다. 과거 영상을 다시 끌어올려 소비함으로써 시청자들은 여서정 선수의 성장 과정과 그간의 노력을 현재와 연결해 입체적으로 볼 수 있다.

KBS 인터뷰 영상에는 "저렇게 어린 아기가 울면서도 참고 훈련받는다니 안쓰럽고 대단하네요. 이 영상을 보고 나니 이번 메달이 더 값지게 느껴져요. 여서정 선수 정말 고생 많이 하셨어요. 앞으로도 응원합니다"라는 댓글이 달렸다. 유튜브 알고리즘이 한 사람의 노력의 가치를 더욱 빛나게 해준 것이다.

콘텐츠 역주행 현상은 이제 소비자가 인기 상품의 유통기한 결정권을 쥐게 되었음을 의미한다. 그동안은 소비자가 특정 시간에 특정 채널에서만 콘텐츠를 소비할 수 있었다면, 지금은 편한 시간에 원하는 채널을 골라 보는 것이 당연한 모습이다. 과거에는 유행에 맞지 않았던 콘텐츠일지라도 현재 Z세대의 트렌드와 코드만 맞는다면 언제든 다시 소비될 수 있다.

역주행 현상의 특이점은 영상의 본 내용은 그대로지만 소비 방식이 시대에 따라 변화한다는 것이다. 〈롤린〉의 영상에는 군인들의 떼창과 댓글 내용들이 포함되어 있다. 무야호 역시 리믹스 버전으로 다양하게 변형되어 소비되었다.

역주행 영상을 만들 때는 요즘 트렌드에 맞게 숏폼을 이용하기도 한다. 영상은 핵심적인 것만 담아 짧게 만들고 자막도 추가하여 장르를 변형해 보는 것이다. 과거에 만들어졌던 콘텐츠를 발견해 내고 현재에 맞는 콘텐츠로 재창조하면 그때의 향수와 신선함이 만나 대중들의 호응과 폭발적인 반응을 끌어낼 수 있다.

2020년 1월에 한 초등학생이 네이버 지식인에 올린 글이 화제가 되었다. '초등학교 방학 숙제로 창의적으로 발명하고 싶은 것 한 가지를 글로 써야 한다. 핸드폰 배터리가 없을 때 충전기에 꽂거나 보조배터리에 연결해야 하는데 너무 불편하다. 그래서 생각해 낸 게, 핸드폰 배터리가 방전되면 다른 배터리로 교체할 수 있도록 하는 방식이다. 너무 현실성 없고 지금의 과학 기술로는 거의 불가능하겠지만 언젠가는 실현될 수 있을 것 같다'라는 내용이었다.

2G나 초기 스마트폰을 사용한 어른들에게는 배터리 교체가 옛날 방식으로 기억되지만, 현세대 아이들에게는 과학 기술이 더 발달하면 실현될지도 모를 신기술인 것이다. 이처럼 Z세대에게는 꼭 콘텐츠 역주행이 아니더라도 옛날의 것을 다시 끌어올릴 힘이 있다.

Z세대에게는 상품의 유통기한이 존재하지 않는다. 결정권은 Z세대에게 있다. 처음 소개되었을 당시에는 묻혔더라도 언

제든 Z세대의 취향과 코드만 맞으면 된다. 지난 콘텐츠의 현대적 재창조는 소비자가 소비하도록 하는 감성을 끌어낼 수 있는 스토리를 만들어내기도 한다. 그리고 역주행 현상은 어느 순간에, 어떤 포인트로 효과를 낼지 아무도 모른다. 지금 Z세대는 시공간적인 소비 제약을 가장 받지 않는 세대이다.

레트로

추억을 팝니다

Z세대는 레트로에 특별한 감성이 있다고 생각한다. 디지털 시대에서 살아온 그들은 아날로그 방식에 대한 기억이 없거나 아주 짧다. 경험해 본 적 없는 아날로그의 감성이 낯설지만 멋스럽다고 생각한다. Z세대에게 아날로그 방식은 이국적인 문화이면서도 비일상적인 일탈로 느껴지는 것이다. 이는 몇 년이 지나도 레트로 유행이 꺼지지 않고 계속되는 이유다.

　　Z세대에게 레트로와 감성 열풍이 불면서 즉석 필름 카메라의 인기도 높아가고 있다. 더불어 예전에 유행했던 스티커 사진이 인생네컷 같은 포토 부스로 다시 유행하고 있다. Z세대는 노트나 필름 사진 등에 기록하는 것보다 SNS, 클라우드 등 온라인상에 남기는 것을 영구적인 것으로 생각해 왔다. 하지만 온라인 기록에서는 찾을 수 없었던 감성을 필름 카메라에서 찾기 시작했다. 화질, 편리성, 휴대성, 뭐 하나 핸드폰보다 나은 게 없

지만 그럼에도 Z세대의 인기를 얻는다.

코닥에서 출시한 포토 프린터는 레트로 감성을 담으면서도 스마트폰에 있는 사진까지 인화할 수 있다는 장점이 있어서 인기다. 과거의 레트로와 현재의 편리성까지 잡은 것이다. 3040 세대에게 아날로그는 추억과 그리움으로 인식되지만, Z세대에게는 경험해 보지 못한 새로움으로 인식된다. 뿌옇게 빈티지 느낌이 나는 일명 '빛바랜 감성'까지 더해진 필름 카메라의 특징은 SNS를 위한 감성 연출을 중요시하는 Z세대에게 매력적으로 다가왔다.

복고풍 패션은 Z세대에게 낯설면서 힙하다. 졸업사진을 찍을 때 친구들끼리 콘셉트를 맞추는데, 그때마다 복고풍 콘셉트는 빠지지 않는다. 통 넓은 와이드 바지, 멜빵 바지, 투명 고글, 반다나, 옛날 교복 등 불과 몇십 년 전 유행했던 패션일지라도 Z세대에게는 평생 남는 졸업사진의 콘셉트가 될 만큼 특별하다. 떡볶이 코트부터 숏 패딩, 하이웨스트와 나팔바지, 가죽 잠바까지 1990~2000년대 패션 아이템도 다시 뜨고 있다. 기성세대들은 자신이 20~30년 전에 입었던 패션을 지금 Z세대들이 입고 다니는 것을 보면 신기할 뿐이다.

레트로는 IT 산업에서도 찾아볼 수 있다. 과거에 사용하던 폴더폰부터 지금의 스마트폰까지 핸드폰의 기능과 모양은 끝

없이 발전했다. 하지만 현재 다시 유행하는 핸드폰 Z플립은 폴더폰과 다를 게 없다. 배경 화면을 마치 폴더폰처럼 꾸미며 폴더폰 감성을 추억한다. 흔한 스마트폰에 식상함을 느낀 Z세대가 접었다 펼 수 있는 플립폰의 매력을 다시 느끼기 시작한 것이다. 플립폰은 초기 Z세대에게는 초등학생 시절 잠깐이나마 썼던 폴더폰의 추억을, 후기 Z세대에게는 스마트폰을 접었다 펼칠 수 있다는 새로움을 끌어냈다.

거리에서 유선 헤드폰을 끼고 있는 사람도 종종 볼 수 있다. 블루투스와 같은 무선 통신 방식이 널리 퍼지면서 무선 헤드폰과 무선 이어폰이 등장했다. 기술이 발달하면서 무선이 유선보다 음질과 기능 등 모든 면에서 좋았고 선이 엉켜서 풀어야 하는 번거로움도 없었기에 유선 헤드폰은 퇴조할 것으로 생각했다. 하지만 유선 헤드폰은 과거의 추억을 떠올리게 하고 Z세대 소비자들의 패션 감각을 돋보이게 해주는 힙한 아이템으로 부상했다.

웹드라마 〈심야 카페〉 시즌3 중에는 고등학생인 남녀 주인공이 무선 이어폰을 나눠 끼고 서로 좋아하는 음악을 공유하는 장면이 있다. 그 장면에 대해 Z세대는 '시대가 변화하면서 유선 이어폰을 나눠 끼던 시절보다 애틋함이 덜하다'라고 평하였다. 2~3년 전만 해도 에어팟을 감성 템으로 여기던 Z세대가 이제는 오히려 유선 이어폰 특유의 감성을 찾는다.

온라인을 활용하여 삶의 질을 높이는 데 익숙한 Z세대도 일기와 다이어리를 쓴다. 1년, 1달, 1주, 1일의 계획을 세울 수 있는 플래너도 사용한다. 일기와 다이어리를 쓸 수 있는 온라인 플랫폼이 넘쳐나고, 플래너 역시 앱을 깔기만 하면 핸드폰으로 일정을 바로 확인할 수 있다. 온라인을 이용하면 무겁게 들고 다닐 필요도 없고 잃어버릴 일도 없다. 하지만 온라인은 자기가 직접 작성하고 꾸미는 데에서 오는 멋스러움이 없다.

최근 1020세대 사이에서 '다꾸(다이어리 꾸미기)'는 하나의 취미생활로 자리 잡았다. 다이어리를 꾸며 SNS에도 활발히 공유한다. 다이소의 매출을 살펴보면 10대, 20대 이용자 사이에서 데코 스티커 판매량이 2020년 상반기 판매량 상위 10위 항목에 포함되었다고 한다. 2019년 대비 약 60%나 성장한 것이다.

Z세대를 공략하기 위해 다양한 컬래버레이션을 진행하고 있는 모나미는 다꾸러를 위한 기획전과 상품 프로모션에도 신경을 쓰고 있다. 모나미 관계자는 《뉴스토마토》와의 인터뷰에서 "다꾸 열풍은 아날로그 감성을 찾아 일상을 기록하거나 셀프 꾸미기를 즐기는 Z세대의 트렌드가 반영된 것으로 분석된다"라고 밝혔다.

뉴트로란 '새로운'의 New와 '복고'를 뜻하는 Retro의 합성어를 줄인 것으로, 오래된 것을 소환하여 현대적 가치를 입힌 개념이다. 이전의 복고 트렌드는 해당 문화를 향유했던 중장년층의 향수를 자극하고 과거 콘텐츠를 소비하는 방식이었다면, 뉴트로는 Z세대가 자신들은 경험해 보지 못한 과거의 문화를 색다르고 신선한 것으로 받아들이고 재해석하면서 시작되었다. Z세대가 뉴트로에 빠진 이유 중 하나는 '신선함'이다. 기성세대에게는 향수로 느껴질지라도 그 시대를 살지 못한 Z세대에게는 새롭고 재미있는 경험으로 다가온다.

SPC삼립은 포켓몬빵을 재출시하면서 추억 소환 마케팅을

내세웠다. 1998년에 처음 출시된 포켓몬빵은 빵에 동봉된 띠부
띠부씰 수집 열풍이 일며 월평균 500만 개가 팔려나갔다고 한
다. 2022년 재출시된 포켓몬빵에도 포켓몬 캐릭터 스티커가 들
어 있는데 이 아이템이 콜렉터들을 열광시켰다.

　　포켓몬빵의 인기가 과열되다 보니 빵을 사기 위해 입고 시

출처: 자취생으로 살아남기

간에 맞춰 줄을 서거나 쉴 새 없이 편의점을 들락거렸다. 서로 포켓몬빵을 사겠다고 다투는 성인들의 모습도 볼 수 있었다. 편의점은 이런 상황에 지친 듯 포켓몬빵 판매를 거부하며 편의점 입구에 "포켓몬빵 없습니다"라는 문구를 붙여놓기도 했다.

포켓몬빵 구매자들은 대부분이 20대 이상으로, 그들의 목적은 빵을 먹기 위함이 아니라 스티커 수집이다. 스티커는 빼서 자기가 갖고 빵만 1,000원에 되팔거나, 개봉하지 않은 포켓몬빵을 터무니없이 높은 가격에 파는 사례도 발생했다. 당근마켓에서는 띠부띠부씰이 시세에 따라 판매되고 있는데 이마저도 구하기 어렵다. 시세가 가장 비싼 띠부띠부씰은 50,000원으로 포켓몬빵이 1,500원인 걸 감안하면 포켓몬빵 열풍이 얼마나 거센지 느낄 수 있다.

포켓몬빵은 1990년대생들에게 추억의 아이템으로 소비되기 시작했고, 그 유행은 미디어를 타고 Z세대들에게까지 이르렀다. 포켓몬 이름을 10개도 모르던 Z세대 아이들도 포켓몬빵을 찾기 시작했다. 포켓몬빵은 Z세대에게 새롭고 재미있는 놀이가 된 것이다. 결국 포켓몬빵은 추억을 찾는 밀레니얼 세대와 뉴트로 유행을 따라가고 있는 Z세대까지 다양한 소비 연령층을 사로잡았다.

Z세대는 레트로만의 특별한 감성을 좋아한다. 인터넷과 스

마트폰의 발달로 Z세대들은 끊임없이 일하고 놀고 연락을 주고받는다. 이렇듯 초연결 시대를 살고 있지만, 변화의 속도가 너무 빨라 한 치 앞도 예상할 수 없는 격변의 시대를 살고 있기도 하다. Z세대의 레트로 열풍은 지금보다는 느긋하고 예측 가능한 세상에서 살고 싶은 열망이 담겨 있다.

Z세대는 레트로 시대를 시간이 걸리더라도 누군가의 연락을 기다릴 줄 알고, 번거롭더라도 자신의 마음을 표현할 수 있고, 남 눈치 보지 않고 자신의 멋을 표현할 수 있는 시대라고 생각한다. 뭐든지 남 눈치 보며 '빨리빨리'를 경험해 온 Z세대에게 레트로는 경험해 보지 못한 새로움이고 부러움이다.

전파자

따라 하고 싶은 Z세대

Z세대는 부모와 자식 간에 상호 신뢰를 바탕으로 친구 같은 관계를 구축한 세대이다. 다른 세대들에 비해 청소년기에 부모의 영향을 일방적으로 받기보다는 주도적으로 자신의 의사 결정을 표현해 왔다. Z세대의 부모는 X세대다. 그리고 X세대는 '우리나라 최초의 개인주의 세대'라 불렸다. 비슷한 학창 시절을 보냈기에 지금의 Z세대를 이해하는 세대다.

부모와 자식 간의 몰카 유튜브도 꽤 인기이다. 몰카 주제로는 '모든 시계를 돌려놓고 회사 늦었다고 깨웠을 때 아빠의 반응은?', '취두부 먹고 엄마한테 입 냄새 풍기기' 등이 있다. 친구끼리 할 만한 다소 심한 장난도 몰카 콘텐츠로 부모님에게 서슴없이 한다. 더 신기한 점은 몰카를 당한 부모님의 반응과 댓글의 반응이다. 아들의 장난에 부모님은 친구처럼 같이 장난을 치고, "나도 엄마한테 해봐야겠다ㅋㅋㅋㅋ"와 같은 댓글이 달린다.

틱톡에는 Z세대가 부모와 함께 숏폼 영상을 찍은 영상들도 자주 올라온다. 함께 춤을 추기도 하고 상황극을 하기도 한다. X세대들은 Z세대들과 친구처럼 지내기 때문에 그들의 문화를 자연스럽게 접하게 된다. 그리고 그들은 스스럼없이 Z세대의 문화를 받아들인다.

2022년 1월 《헤럴드경제》와 카카오페이의 빅데이터 리포트 '코로나 라이프'에 따르면, 코로나19로 비대면화가 빠르게 진행되면서 SNS를 통한 송금과 정산 이용이 급증했다고 한다. 특히 스마트폰 사용은 익숙하지만 새로운 기능은 잘 시도하지 않던 X세대의 송금 건수가 MZ세대 대비 크게 늘었다. 40대 중반에서 50대 중반인 X세대의 송금 봉투 이용 건수 증가율이 2020년 설 명절 때는 전년 대비 43%를 기록했는데, 2021년에는 365.8%로 사실상 4.7배나 오른 것이다.

기성세대는 카카오톡 송금하기를 모르는 경우가 많았다. 송금을 하기 위해서는 은행 전용 앱을 이용해야 한다고 생각했다. 하지만 은행 전용 앱은 '인증서를 등록하시오', '로그인을 하시오', '계좌를 입력하시오' 등등 이용 과정이 복잡하다. 그래서 Z세대는 계좌번호를 몰라도 카톡 친구로만 등록되어 있으면 5초 안에 송금할 수 있는 카카오톡 송금하기를 이용한다.

대표 메신저로 자리 잡은 카카오톡에는 여러 가지 기능이 있다. 생일이 되면 알림이 떠서 상대방에게 바로 선물을 보낼 수도 있고, 정산하기나 송금하기도 가능하다. 정산하기와 송금하기 기능이 없었을 때는 계산대 앞에 한 명씩 카드를 들고 기다려서 각각 금액을 계산했다. 하지만 Z세대는 정산하기 기능을 이용한다. 모임에서 한 명이 대표로 결제한 후 단톡방에 총 금액을 적으면 자동으로 인원수로 나누어 1인당 금액이 계산되고 이를 모임 구성원들에게 메시지로 보낼 수 있다. 메시지를 받은 사람이 카카오페이 이용자라면 바로 송금할 수도 있다. 훨씬 편리하고 빨라진 것이다.

우리는 설날이 되면 봉투에 세뱃돈을 담아 전달한다. 그런데 코로나로 인해 만남이 불가능해지면서 세뱃돈을 줄 방법이 없어졌다. 그래서 나온 대체 방법이 카카오톡의 송금하기이다. 송금하기는 코로나 이전부터 Z세대들이 일상에서 자주 사용하던 기능인데, 코로나 상황에서 기성세대들의 해결 방법으로 이용된 것이다. 온라인상이긴 하지만 덕담 문구가 적힌 봉투에 담아 전달할 수도 있다. 이제는 대면 만남이 가능해졌지만, 기성세대들도 온라인 기능이 편해졌다.

하지만 기성세대는 Z세대만큼 새 기능들을 자유롭게 활용하지 못한다. 사실 카톡이 업데이트되었을 때 어떤 기능이 새로 추가되었는지 파악하기도 어렵다. 그럴 때 X세대는 슬며시 Z세대인 자식들에게 도움을 요청한다. 예전의 불편한 방식을 그대로 사용하는 X세대에게 Z세대가 새 기능을 알려주기도 한다.

75년생인 내 엄마는 변화되는 기술에 적응하고 싶어 한다. 그래서 내가 새로운 기능을 쓸 때마다 옆에서 어떻게 하는지 배우려고 한다. X세대는 Z세대들이 어떤 세대보다도 기술을 빨리 습득하고 활용한다는 것을 인정하고 그 기술이 편리하다는 것을 알고 있다.

> "코로나라 건물 출입할 때마다 QR 체크인을 하기 위해서 열심히 QR코드로 들어가고 있는데, 옆에서 딸이 핸드폰을 휙휙 흔들더니 바로 찍고 들어가더라. 그걸 보고 바로 어떻게 하는 건지 배우고 나서부터 나도 휙휙 흔들고 찍고 들어간다. 역시 Z세대라 그런지 편리한 기능들을 많이 알더라."

Z세대는 소비할 때 더 이상 외출하지 않는다. 외식하고 싶을 때는 핸드폰 터치 몇 번이면 배달시켜 먹을 수 있고, 쇼핑도 핸드폰을 이용하면 간편할 뿐만 아니라 여러 사람의 후기도 볼 수 있다. 장을 볼 때도 대형 마트에 갈 필요 없이 새벽 배송으로 주문하면 다음 날 오전 7시에 받을 수 있다.

2021년 12월 고객 데이터 통합 플랫폼 다이티에서 X세대의 앱 설치 순위를 조사했다. 그 결과 X세대 여성의 경우 4위는 쿠팡(66.1%), 5위는 배달의 민족(58.0%)이었다. 베이비 붐 세대의 배달앱 이용률이 4.4%인 것을 감안하면, X세대의 이용률은 높은 편이다. X세대는 자식인 Z세대의 영향을 많이 받기 때문이라고 해석할 수 있다.

Z세대들 사이에서는 다들 사용하는 기능이지만, 그 기능을 기성세대가 사용하는 것을 보고 놀랄 때가 있다. '이걸 어떻게 알고 사용하시지?' 하는 생각이 드는 것이다. 기성세대는 대부분 자식인 Z세대를 통해서 배운다.

"엄마한테 테이블링 앱을 알려드렸더니, 유명 음식점에 줄 서지 않고도 입장할 수 있다는 것을 너무 신기해하시더라. 그 뒤로 어디 놀러 가서 맛집을 찾을 때면 엄마는 그 앱부터 켠다. 우리 세대에 유행하는 문화를 알려줄 때마다 신기해하면서 주위 사람들에게도 자랑하는 걸 보면 웃기면서도 귀엽다고 느낀다. 앞으로 더 자주 알려줘야겠다는 생각이 든다."

"정주행 중인 드라마를 놓쳤다고 아빠가 속상해하시길래 넷플릭스 앱을 알려드렸다. 더 이상 드라마 방영 시간에 스케줄을 취소할 필요도, 늦게까지 깨어 있을 필요도 없다고 좋아하셨다. 그

뒤로 넷플릭스에서 영화 보기가 아빠의 새로운 취미가 되었다. 한번 알려드렸더니 매달 꾸준히 정기 결제도 하시는 걸 보고 신기하면서도 뿌듯했다."

이런 현상을 마케팅 측면에서 보면, 세대 간 교류로 인해 기성세대도 젊은 감성을 소비한다는 결과가 나온다. 자신이 하는 사업의 타깃층이 20대가 아니더라도 트렌드에 맞춘 인테리어나 사업 구조가 있어야 한다는 뜻이다.

당근마켓은 같은 동네의 이웃들과 중고 거래를 할 수 있는 앱이다. 번개장터를 자주 사용하여 중고 거래에 익숙했고 온라인 사람과의 만남이 비교적 자연스러운 Z세대는 당근마켓도 쉽게 이용할 수 있었다. 처음에는 2030세대의 관심을 받던 당근마켓이 이제는 4050세대 등 모든 연령층에서 높은 사용률을 보인다. 당근마켓은 Z세대의 선택을 받은 앱이 시장 지위가 급상승한 대표적인 사례. 이제는 Z세대가 전 연령층의 앱 시장을 주도한다.

Z세대가 다른 세대에게 미치는 문화적 영향은 강력하다. Z세대는 어느 세대보다도 신문물에 빠르게 접하고 쉽게 적응하는 세대이다. 그리고 Z세대의 부모인 X세대는 Z세대의 의견을 존중하고 자식과 스스럼없이 지내온 세대이다. X세대는 기술의

변화 과정을 겪어왔기 때문에 변화된 상황을 받아들이고 적응하려 한다. 그렇기 때문에 Z세대의 트렌드는 X세대의 트렌드로 이어지게 된다. 현재 주 소비층은 Z세대들의 부모인 40~50대의 X세대이지만, 실제로 소비 시장을 주도하는 것은 Z세대라고 할 수 있다.

기념일

Z세대에게 특별한 날

기념일은 매년 특별한 날을 축하하거나 기리는 날을 말하며 개인 기념일, 단체 기념일, 종교 기념일 등이 있다. Z세대들의 기념일은 점점 다양해지고 있으며, 중요하게 생각하는 기념일이 다른 세대와는 다르다.

전통적으로 우리나라의 가장 큰 명절은 설과 추석이다. 명절을 전후로 하루씩 더 공휴일로 지정되어 있어서 3일 이상 쉰다. 돈을 벌기 위해 상경했던 베이비 붐 세대는 1년에 2번 부모님을 뵙고 제사를 지내러 고향에 갔다. 반면 Z세대의 부모인 X세대는 계속 도시에 머물려고 한다. 평소에도 부모님을 자주볼 수 있으니 명절이라고 특별하지 않기 때문이다. 새로운 의미가 담긴 기념일을 더 중요하게 생각하는 이유다.

"나는 1년 중 내 생일보다도 크리스마스가 가장 기다려져."

자신을 위한 날인 생일보다도 크리스마스를 더 기다리는 Z세대들이 있다. 크리스마스를 중요하게 생각하는 이유는 12월 25일을 기다리며 많은 사람과 함께 즐길 수 있기 때문이다. 크리스마스가 다가오면 한 달 전부터 거리에는 트리와 조명이 놓이고 캐럴이 들려온다.

Z세대는 다른 세대에 비해 어떤 기념일을 많은 사람과 함께한 경험이 많지 않다. 국가기념일에는 학교를 쉬었고, 명절에 대가족이 함께 모이는 경우도 적었다. 이제는 생일에도 굳이 만나지 않고 온라인을 통해 축하 인사와 선물을 주고받을 수 있다. 그렇게 기념일을 보내온 Z세대에게 모두가 함께 준비하고 기다리는 크리스마스는 의미 있는 기념일인 것이다.

명동에 있는 신세계백화점 본점은 Z세대의 크리스마스 사진 명소로 꼽힌다. 건물 외관 전체에 스크린과 조명을 설치해 크리스마스 분위기를 한껏 끌어올린다. 약 2달간 매일 오후 5시 30분부터 점등되는데, 1시간 전에 도착해도 사람이 너무 많아 사진을 못 찍기도 한다. 많은 사람이 명당자리를 잡기 위해 몇 시간 전부터 자리를 잡고 기다리는 것이다. 화려한 장식들로 한껏 돋우어진 크리스마스 분위기 속에 있다 보면 사람들이 크리스마스에 얼마나 진심인지 알 수 있다.

Z세대는 기념일을 소소하지만 확실한 방법으로 즐긴다. 평

소에는 잘 마시지 않는 와인으로 분위기를 내보기도 하고, 아껴 둔 돈을 한 끼 식사에 사용하기도 한다. 작은 선물이나 꽃송이를 전달하기도 하고, 사진으로 순간을 담는 것도 기념일을 즐기는 방법이다. 심지어 카페에서 조각 케이크에 불을 붙이기만 해도 기념일을 잘 챙겼다고 말한다.

코로나가 확산되어도 Z세대의 기념일은 막을 수 없었다. Z 세대는 다양한 방법으로 기념일을 맞이했다. 코로나 이후 크리스마스 문화로 홈파티가 유행했다. 크리스마스 분위기를 연출하기 위해 집을 꾸미고 각종 음식과 와인을 준비한다. 빔 프로젝터를 이용하여 영화를 틀고 케이크와 초는 필수이다.

크리스마스가 국민 기념일이라면, 10월 31일 핼러윈은 Z세대들이 많은 관심을 기울이는 기념일이다. 10월 중순이 되면 핼러윈을 맞이하는 이벤트가 쏟아지고 놀이공원에서는 핼러윈 축제가 열린다.

다른 기념일들은 소중한 사람들과 케이크에 불을 붙이거나 선물을 주고받으며 기념하지만, 핼러윈은 다양한 분장과 코스튬을 준비하고 새로운 사람들과 함께 기념한다. 길거리를 걸으며 처음 본 사람과도 자연스럽게 사진을 찍고 이야기를 나눈다. 아마 핼러윈데이가 아니라면 그렇게 처음 보는 사람과 웃고 즐길 일은 없을 것이다.

우리나라가 언제부터 핼러윈을 챙겼냐고 말하는 사람도 있다. 하지만 핼러윈은 Z세대의 2대 기념일이다. 처음 본 사람과 다 같이 기념일을 보내는 것이 새롭다고 느끼는 Z세대는 매년 핼러윈을 소소하게나마 즐기고 있다.

　　핼러윈이 공휴일은 아니지만 Z세대는 오히려 그런 점이 더 특별하게 느껴진다. 일상과 다를 게 없는 날이지만 사람들과 어울리면서 특별한 날을 만들어내는 이벤트 같은 느낌을 받는 것이다. 단체보다는 개인으로 살아온 Z세대에게 의미 있는 기념일이 되려면 모두가 함께할 수 있는 공동체의 느낌을 주는 것이 중요하다.

공유경제

사고 싶은데
돈이 없어요

Z세대는 피해를 주는 것도 싫어하고 피해를 받는 것도 싫어한다. 남들로부터 자신이 피해나 간섭을 받아서는 안 된다고 생각한다. 자신이 피해를 받지만 않는다면 다른 사람의 행동에 크게 신경 쓰지도 않는다. 설령 그 사람의 행동이 이해되지 않더라도 티를 내거나 충고하지 않는다.

Z세대는 출산율 1명대인 핵가족 시대에 출생하여 형제자매가 없거나 많아야 1~2명이다. 부모의 아낌없는 지원 속에서 성장한 Z세대는 극강의 개인주의자다. 개인주의라고 이기주의인 것은 아니다. Z세대에게 개인주의는 '나 자신을 돌보는 것'으로 정의된다. 다음은 《문화일보》의 기사 내용이다.

"자신을 밀레니얼 세대라고 보는 황인성(31) 씨는 점심시간을 직장 팀원들과 함께 보내지 않는 Z세대에게 적잖은 충격을 받았다. '점심은 따로 먹겠다'고 당당하게 말한 뒤 사라지는 후배의 뒷모습에 팀원들은 아무 말도 하지 못했다. 회사의 암묵적인 관례가 처음으로 금이 간 순간이었다."

점심시간이 그동안은 함께 식사하며 동료들과 어울리는 또 다른 '업무 시간'이었다고 한다면, Z세대에게는 법적으로 보장된 엄연한 '휴식 시간'이었던 것이다. Z세대의 개인주의는 자신의 의견을 내세워 스스로를 챙기는 것이다.

Z세대는 내가 싫어하는 것을 좋아하는 상대방에게 굳이 내 취향을 강요하며 바꾸려고 하지 않는다. 심지어 '싫존주의'라는 신조어도 만들어졌다. 싫존주의란 상대방의 불호까지 존중해 주자는 의미로 다양성이 추구되는 현대 사회의 모습을 반영한 신조어이다. Z세대는 자신의 취향을 강요하거나 상대방의 취향을 비난하는 것 역시 다른 사람에게 피해를 주는 행동이라 생각한다.

Z세대는 타인에게 피해를 주지 않는 한도 내에서 개인의 결혼이나 인간관계, 젠더 등에 대한 생각을 편견 없이 바라본다. 어떤 기성세대보다도 개인의 다양한 취향을 관대하게 존중해 준다. Z세대는 성장기에 인터넷, 스마트폰, 소셜 미디어 같은 신기술의 혜택을 본격적으로 누려왔다. 미디어를 통해 전 세계의

다양한 사람들과 소통하면서 가치관이 자유롭게 형성되었다. 설령 이해되지 않더라도 자신이 상대방에게 피해를 줄 권리는 없다고 생각하기 때문에 상대방의 취향을 비난하지 않는다.

Z세대는 상대방의 행동으로 인해 자신이 피해를 본다고 느끼면 부당함을 표현한다. 대학 생활 이야기를 다룬 웹툰으로 드라마로도 만들어졌던 〈치즈인더트랩〉에서 주인공 홍설은 대학교 조별 과제에 무임승차하는 선배의 이름을 발표 자료에서 뺀다. 함께 협동해야 하는 조별 과제에서 자기 몫을 다하지 않았다면 다른 팀원의 노력으로 얻은 성적도 가져가서는 안 된다는 것이다.

대학교 조별 과제를 할 때는 무임승차하는 사람을 거르기 위해 과제가 끝난 후 동료 평가지를 작성한다. 함께 과제를 진행한 사람들끼리 서로 평가하도록 하는 방법이다. 만약 노력 없이 정당하지 않은 성적을 가져갔다면 조원들은 가차 없이 0점을 준다. 상대방의 무책임한 행동으로 자신이 피해를 보는 것은 용납할 수 없다.

Z세대는 더치페이가 기본이다. 누군가가 밥을 사주면 커피라도 사서 꼭 다시 되돌려줘야 한다는 부담감이 생긴다. 사소한 호의였을지 몰라도 그만한 보답을 해야만 할 것 같다. 하지만 더치페이를 하면 그런 생각을 할 필요가 없다. 오히려 더치페

이는 분위기를 편하게 만들어주는 가장 깔끔한 계산이다. 그러니 Z세대의 더치페이에 서운해할 필요가 없다.

더치페이를 할 때는 한 명이 전부 계산하고 계산한 사람에게 n분의 1 가격을 송금해 주는 것이 일반적이다. 각각 더치페이로 카드 계산을 할 경우 알바생이 번거로워지기 때문이다. 카드 결제를 받는 것도 알바생이 해야 하는 일이지만 조금이라도 피해를 덜 주고 싶은 것이다.

MBC 〈뉴스투데이〉에 '왜 사요? 빌리면 편한데… MZ세대, 세탁기·냉장고도 렌털'이라는 제목의 뉴스가 보도되었다. 냉장고, 세탁기, 식기세척기, 에어컨 등 가전을 구매하지 않고 일정 기간 빌려 쓰는 렌털 시장이 커졌는데, 그중에서 MZ세대의 렌털 이용이 크게 늘었다. 소유보다는 공유에 익숙한 MZ세대의 소비 특성이 반영된 것이다. 다음은 해당 뉴스 기사에 가장 공감 수를 많이 받은 댓글이다.

"요즘 보면 뭐든 MZ세대 끼워 맞추는 것 같음. 왜 빌려 쓰겠음. 돈 있으면 사지. 편해서 빌리는 게 아니라 가진 돈이 한정되어 있는데 제품은 비싸니까 그런 거지. 왜 자꾸 '소유보다 공유가 익숙하다'라는 건지. 소유할 수 없으니 공유할 수밖에 없는 거지 이게 더 좋아서, 편해서 하는 게 아님."

'Z세대는 공유에 익숙하다'는 잘못된 오해이다. Z세대는 온라인상에서의 공유가 익숙한 것이지, 오프라인상에서의 공유는 오히려 어색하다. 인터넷이 발전하면서 온라인에서는 어떤 세대보다도 타인과의 정보 공유, 일상 공유가 자유롭다. 하지만 오프라인에서는 공유를 해본 경험이 별로 없다. 어릴 적부터 자기 몫만 잘 챙기면 된다고 배워왔고, 함께하는 것보다는 혼자 하는 게 편하다는 것을 경험해 왔다.

Z세대도 돈만 있다면 자기만의 것을 소유하고 싶다. MZ세대의 렌털 시장이 커지는 이유는 소유보다 공유가 익숙해서가 아니라 자가를 가질 수 없는 사회에서 살고 있기 때문이다. 월세로 살아서 언제 나갈지 모르는데 굳이 가전을 구매할 필요를 느끼지 못한다. Z세대가 살고 있는 환경이 공유할 수밖에 없도록 만든 것이다.

혼자 여행하는 것이 또 하나의 여행 트렌드가 되고 있다. 여행이라고 하면 좋아하는 사람들과 함께 다른 지역에서 즐기는 장면이 떠오른다. 혼자 여행하면 외롭고 재미없을 것 같다. 하지만 Z세대가 생각하는 혼자 여행하기는 그렇지 않다. 다른 사람과 함께 여행하기 위해서는 그만큼 서로 간의 배려가 있어야 한다.

함께 여행하다 보면 개인마다 가고 싶은 곳이 다를 수 있고 여행의 목적이 다를 수 있다. 하지만 혼자 여행하면 그럴 필요가 없다. 오직 자기가 원하는 여행 일정을 짜서 즐길 수 있다. 좋아하는 사람들과의 여행은 좋지만 그에 따르는 피해를 피하는 것이다. 만약 함께 여행 가고 싶은데 서로 피해를 주기는 싫다면, 같은 지역으로 함께 가서 각자 따로 여행한 뒤 하루 정도 함께 다닐 수도 있다.

Z세대의 인맥에 지연은 낯설다. 한국의 전통적인 인맥은 학연, 지연, 혈연에서 시작한다. 처음 만난 사람에게 고향이나 학교를 물어본다. 그러다가 공통점을 찾게 되면 특히 반갑고 더 챙겨주고 싶다. 하지만 Z세대는 이해가 되지 않는다. 옆집에 누가 살고 있는지도 모르는 요즘 지연이 의미 있을 리가 없다. 학교에서도 각자 자기 챙기기에 바빠 선후배를 챙길 여력이 없다. 코로나 상황으로 선후배 간의 연대는 더욱 무너졌다. 이러한 상황에서 Z세대가 개인주의자로 자라는 것은 이상하지 않다.

Z세대가 개인주의자라고 해서 고립되길 원하는 것은 아니다. 오히려 혼자 있으면 외로움을 더 크게 느낀다. 서로 적당한 거리를 유지할 수 있는 가깝고도 느슨한 관계가 보장되길 원한다. 가깝고도 느슨한 관계라 하면 내적인 친밀감은 높지만 선은 지켜야 하는 관계이다. Z세대를 고슴도치 딜레마를 겪는 세대라고 하는데, 고슴도치 딜레마란 친밀감·애착에 대한 욕구

와 독립성·자율성에 대한 욕구가 공존하는 모순적 상태를 말한다. 한마디로 Z세대는 개인주의적 성향과 집단주의적 성향을 동시에 띤다.

　Z세대의 개인주의 성향은 밀레니얼 세대보다 더 강하다. 자신이 피해를 보지 않는다면 개인의 다양성을 비난하는 경우는 없다. '틀리다'가 아닌 '다르다'로 받아들이는 것이다. 단, 존중해 주는 만큼 개인의 행동으로 타인에게 피해를 주는 것은 용납할 수 없다. 자신이 피해를 받았다면 자기 의견을 내세워 스스로를 챙긴다. Z세대는 기성세대들보다 다른 사람들을 존중하고 이해해 주며 자신을 스스로 보장받는 세대이다.

배달

익숙해지면 못 끊어요

배달앱은 이제 필수 앱이 되었다. 외식을 하기 위해 꼭 밖으로 나갈 필요가 없다. 배달앱을 이용하면 음식들이 우리 집 바로 앞까지 배송된다. 패스트푸드뿐만 아니라 조개찜, 양꼬치, 곱창구이, 샤브샤브, 마라탕, 호두과자, 타코야끼 등 웬만한 음식은 다 배달앱으로 주문할 수 있다.

배달의 편리함을 잘 아는 Z세대는 5~15분 정도 걸으면 갈 수 있는 짧은 거리도 배달시킨다. 밀레니얼 세대만 해도 인건비가 낮아 배달을 무료로 해주던 시기를 살았기에 배달비를 아까워하지만, Z세대는 배달비가 생긴 이후 성인이 되어서 배달비에 대한 거부감이 덜하다.

요즘은 배달 속도도 굉장히 빠르다. 주문하면 배달 예상 시간이 배달앱에 전송된다. 보통 60분 이내로 찍히지만 실제로는 더 빨리 오는 경우가 많다. 더 빨리 배송될 경우 배달앱에 '○○

분 일찍 배달되었습니다'라는 알림 문구가 뜬다.

배달앱으로 주문하면 가게 사장님과 배달원에게 요청사항을 남길 수도 있다. 예를 들어 가게 사장님에게는 "버섯 빼주세요", "단무지 많이 담아주세요"라고, 배달원에게는 "가족 몰래 시키니까 벨은 절대 누르지 마시고 문 앞에 두고 문자 주세요"라고 문구를 남기는 것이다. 이렇게 앱을 통해 편하게 요청사항까지 전달할 수 있으니 Z세대가 배달을 포기하지 못하는 것이다.

각자 먹고 싶은 음식을 시켜 먹을 수 있다는 것도 배달의 큰 메리트다. 누군가와 함께 음식점에 가서 밥을 먹을 때는 상대방의 음식 취향에 맞추기 위해 먹고 싶은 음식을 포기해야 하는 경우가 생긴다. 서로 어느 정도 양보하며 적당하게 취향의 합의점을 찾아야 한다. 하지만 배달시키면 상대방의 입맛을 고려할 필요가 없다. 그냥 각자 먹고 싶은 음식을 따로 시키면 되는 것이다.

배달의 또 다른 메리트는 혼밥이라고 눈치 볼 필요가 없다는 것이다. 물론 혼밥은 점점 보편화되어 특별하게 바라보는 시선이 줄어들고 있다. 국밥집이나 김밥집, 분식집 정도는 혼밥하는 데 문제가 없다. 하지만 혼밥 레벨 테스트의 5단계부터는 아직 힘들다. 그렇다고 혼자 밥 먹을 때 언제나 국밥만 먹을 수

혼밥 레벨 테스트

1단계	편의점에서 혼밥
2단계	학생식당에서 혼밥
3단계	패스트푸드점 혼밥
4단계	분식집에서 혼밥
5단계	일반 음식점 혼밥
6단계	유명 맛집에서 혼밥
7단계	뷔페에서 혼밥
8단계	고깃집, 횟집 혼밥
9단계	술집에서 혼술

출처: dingo

는 없다. 고깃집이나 횟집, 레스토랑에 가고 싶을 때도 있다. 그럴 때 배달앱을 이용하면 된다.

배달시키는 분야에도 변화가 생겼다. 배달이라고 하면 음식 배달만을 생각하는 기성세대와 다르게, Z세대는 커피숍이나 편의점에도 배달앱을 활용한다. 힘듦과 귀찮음을 배달비로 대신한다고 생각하면 충분히 지불할 가치가 있다고 생각하는 것이다.

편리함을 추구하는 Z세대의 특징과 코로나로 인한 집콕 생활이 더해져 배달의 형태는 더욱 발달했다. 편의점 배달은 앱을 통해서 편의점 상품들을 선택하면 배달원이 편의점에서 직접 구매한 후 집으로 배달해 주는 것이다. 편의점은 마트와 달리 지점 개수도 많고 주거 단지나 생활공간 가까이에 있지만, 편의점에 가는 것마저 귀찮다는 것이다.

마트도 갈 필요가 없다. 마트 물건도 배달앱을 이용하면 배송된다. 만약 아침 식사 거리를 깜빡하고 사지 않았다는 걸 전날 밤 잠들기 직전에 알게 되었다고 하더라도 문제없다. 배달앱으로 주문하면 다음 날 새벽 7시에 문 앞까지 배송받을 수 있다.

가구를 살 때도 직접 보지 않고 구매한다. Z세대 중에는 원룸에서 자취하는 경우가 많다. 그러다 보니 언제 이사 갈지도 모르는 자취방에 큰 가구를 들여놓을 수 없을뿐더러, 가구를 구매하기 위해 방 길이를 재고 매장을 돌아다니며 가격을 비교하는 것은 비효율적이라고 생각한다.

Z세대는 인테리어 플랫폼 '오늘의집'을 많이 이용한다. 어차피 오래 살 곳이 아니기 때문에 굳이 가구가 튼튼할 필요도 없다. 감성적이고 이왕이면 싸면 더 좋다. 오늘의집에는 Z세대의 감성 가구 템들을 모아놓았다. 그저 컴퓨터 앞에 앉아서 자

신이 구매하려는 가구를 고르고 가격대, 색상, 크기를 선택하면 해당 제품들이 쭉 나온다. 방 크기를 잴 줄자가 없더라도 주소를 입력하면 화면에 방의 구조와 크기가 똑같이 나온다. 화면에 미리 가구를 배치해 보고 3D로 확인할 수 있다. 사람들이 올린 인테리어 자랑 사진과 가구 정보를 보며 자신의 방도 똑같이 따라 꾸밀 수도 있다.

Z세대의 소비 패턴을 보고 너무 쉽게 소비한다고 생각할 수 있다. 하지만 Z세대에게는 몇천 원 아끼자고 나갈 준비를 하고 집 밖에 나가서 음식을 포장해 오는 기성세대의 행동이 불편하고 비효율적으로 생각된다. Z세대의 소비는 오히려 똑똑해졌다. 그들은 추가 비용을 지불할 가치가 있다면 비효율적인 소비 행동은 하지 않겠다는 것이다. 차라리 그 시간과 노력을 아껴 자신을 위한 다른 가치 있는 행동을 한다.

MBTI

Z세대에게 MBTI는
과학이다

Z세대에게 MBTI는 과학이다. 진짜 과학이라고 믿는 것은 아니고 흔히 사용하는 비유적 표현이다. MBTI는 마이어스와 브릭스가 스위스의 정신분석학자인 카를 융의 심리 유형론을 토대로 고안한 자기보고식 성격 유형 검사 도구이다. 외향형인 E와 내향형인 I, 감각형인 S와 직관형인 N, 사고형인 T와 감정형인 F, 판단형인 J와 인식형인 P, 이렇게 두 개씩 짝지어 네 가지로 나누어져 있는 개인 선호도를 각 하나씩 선택하면 총 16개의 검사 결과가 나온다.

그동안 우리는 혈액형별 성격/특성 분석을 유사 과학처럼 믿어왔고 즐거운 놀이 정도로 여겼다. MBTI 또한 내가 원하거나 그러하다고 믿는 결과를 불러올 수밖에 없는 자기보고 형식으로 혈액형과 묘하게 닮았지만, 혈액형보다는 정교하고 신뢰가 가기 때문에 MBTI에 대한 바넘 효과가 일어났다. 바넘 효과

(Barnum effect)란 보편적으로 적용되는 성격 특성을 자신의 성격과 일치한다고 믿으려는 현상을 뜻한다.

Z세대는 자신을 소개할 때 필수로 MBTI도 함께 이야기한다. 만약 상대방이 자신의 MBTI를 말하지 않았다면 "MBTI가 뭐예요?"라고 묻는 것도 좋다. 첫 만남의 어색한 분위기를 푸는 데 MBTI보다 좋은 소재는 없다.

상대방의 MBTI를 알게 되면 인터넷 검색을 통해 해당 유형의 특성들을 찾아본다. 상대방의 성격, 좋아하는 것과 싫어하는 것, 심지어 단점까지도 다 알아낼 수 있다. 그리고 자신의 MBTI와 궁합이 어느 정도 맞는지 확인한다. 실제로 말도 몇 번 해보지 않았지만 자신과 성격이 맞을지 MBTI로 판단하는 것이다. 심지어는 소개팅할 때도 주선자에게 미리 상대방의 MBTI를 듣고 소개받기도 한다.

대학생 익명 커뮤니티 '에브리타임'에도 하루에 여러 건의 MBTI 관련 게시물이 올라온다. 'MBTI'나 'MBTI 친구 찾기'라는 게시판도 있다. 게시판에는 "저는 ENTJ인데 ISTJ 친구 구해요"라는 글들이 올라온다. 이제는 친구도 자신과 맞는 성격을 가진 사람을 골라 사귄다.

Z세대는 자신의 MBTI 유형을 잘 알고 있고 이를 통해 관계를 형성하고 싶어 한다. 자신의 MBTI 유형의 특성들이 적힌

빙고판에서 본인에게 맞는 것들을 체크한 뒤 SNS에 올려 자신을 보여준다. 이를 본 비슷한 성격 유형의 다른 누군가가 동질감을 느끼고 메시지를 보내면서 관계를 쌓아나간다.

"MBTI의 최대 장점은 나와 다른 사람을 이해할 수 있도록 도와주는 것이다. 나는 줄곧 나와는 너무 다른 사람들을 보며 왜 그럴까 싶었는데 MBTI를 알고 나니 그냥 생각하는 방식이나 행동이 이렇게 다를 수도 있구나를 알게 되었다."

세상에는 무수히 많은 사람들이 있는데 MBTI는 그 모든 사람을 단 16가지의 검사 결과로 나눠놓았다. 그 결과를 바탕으로 일반인이 분석해 놓은 상황별 MBTI 행동을 무한 신뢰하는 사람들이 있다. 이들을 흔히 'MBTI 과몰입자'라고 부른다. 그들은 어떤 상황에서든 자신의 행동을 MBTI 결과로 합리화한다.

예를 들어 'MBTI별 연애할 때 단점'으로 ENFP는 자기중심적이라고 적혀 있다고 해보자. ENFP인 사람은 그 분석 결과를 보고 자신이 연애할 때 자기중심적이라는 것에 공감한다. 하지만 고칠 생각은 없다. '내가 잘못된 게 아니라 ENFP는 원래 자기중심적이니까'라고 자기합리화를 한다. 상대방을 배려하지 않고 자기중심적으로 행동하는 것에 타당한 근거가 있다고 생각하는 것이다.

물론 상황별 MBTI 행동은 일반인이 분석해 놓은 것이어서 신뢰도나 정확도가 낮지만, 분석 자체는 성격 유형 결과를 바탕으로 한 것이므로 대체로 공감하게 된다. 분석 내용 중 하나만 공감되더라도 자신의 성격이라고 인정해 버리고, 자신과 다르다고 생각하는 내용들은 모르고 있던 자신의 숨겨진 성격/특성이라고 생각해 버린다.

Z세대가 MBTI에 열광하는 이유는 기존의 다른 어떤 세대보다도 스스로에게 집중하는 세대이기 때문이다. Z세대는 소셜 미디어에 '나'를 기록하면서 자아를 확장시켜 왔다. 이제는 MBTI를 통해 내가 어떤 사람인지를 적극적으로 나서서 셀프 브랜딩하는 것이다. 그동안 성격 유형 테스트는 많았지만 MBTI만큼 상황별로 나누어 분석해 주는 것은 없었다. 해석의 여지가 있다는 점이 Z세대가 MBTI를 열광하는 또 하나의 이유이다.

Z세대는 특정 상황에서 MBTI 유형별로 어떻게 행동할 것인가를 놓고 이야기를 펼친다. MBTI 유형 중에는 사고형에 해당하는 T와 감정형에 해당하는 F의 차이가 가장 뚜렷하다. 이두 유형의 상황에 따른 반응을 비교하며 자신의 유형을 파악할

수 있다.

　차 사고가 났을 때 T는 "어쩌다가 사고가 났어? 차 보험은 들었어?"라고, F는 "괜찮아? 많이 안 다쳤어?"라고 반응한다. 이 차이는 애정 표현의 방식이 T는 질문이라면, F는 리액션이라는 데서 나온다. 특히 안 친한 사람에게 T는 F의 방법을, F는 T의 방법을 쓴다는 것도 흥미롭다. T는 오히려 관심 없는 상대에게 영혼 없는 리액션으로 위로를 해주고, F는 공감 없이 질문을 던진다는 것이다. 물론 어디까지나 Z세대의 놀이일 뿐이고 사람마다 다를 수 있다.

　T와 F의 애정 표현 차이가 서로에게 오해와 섭섭한 감정을 들게 하기도 한다. 하지만 이제는 상대방의 MBTI 특징을 알고 있으니 상대방의 반응이 진심이라는 것을 이해할 수 있다. 공감이 필요한 순간에는 F 유형인 친구를, 해결책이 필요한 상황에는 T 유형인 친구를 선택해서 고민 상담을 하기도 한다.

　MBTI는 때로는 이해할 수 없었던 상대방의 행동을 받아들이는 데 도움이 된다. 예전에는 나랑 안 맞는 사람이 있으면 '쟤는 왜 저럴까, 내가 문제일까' 하면서 고민했는데, MBTI를 접하고 나서는 서로의 '다름'과 '차이'를 이해하게 되었다.

　Z세대는 "공부해! 대학 가면 다 할 수 있어"라는 말을 믿고 자기 자신에 대한 고민은 뒤로 미룬 채 살아왔다. 그러나 자신

에 대한 고민은 대학에 가고 취업을 준비하면서도 계속되었다. 내가 어떤 사람인지, 내가 하고 싶은 것이 이게 맞는지 확신이 없었다. Z세대는 자신에 대해 궁금하고 자신을 발견하고 싶었지만 현실은 그렇게 간단하지 않았다. 그렇게 몇십 년 동안 고민해 오던 문제를 클릭 몇 번으로 알려주니 자신을 발견한 기분을 느낀 것이다.

대학교 자기소개서를 작성하거나 면접을 준비할 때 제일 어려웠던 점이 무엇이었는지 친구들에게 물어보면, 대부분 자신의 장단점을 써야 하는 것이 가장 어려웠다고 답한다. 일단 자기가 어떤 사람인지를 알아야 쓸 수 있는데, Z세대는 학창 시절 동안 자신을 알아볼 시간이 없었기 때문이다. 이제는 MBTI 검사를 통해 자신을 이해하기 시작했다. 자기 자신보다 검사지가 자신을 더 잘 안다고 느낀 것이다.

그러다 보니 자기소개서 꿀팁으로 MBTI별 장단점 활용법이 나오기 시작했다. MBTI 결과를 통해 자신의 성격 키워드를 파악하고 그 키워드에 자신의 경험을 녹이는 것이다. Z세대는 MBTI가 나오고부터 자신의 장단점을 솔직히 적을 수 있게 되었다고 생각한다.

최근 일부 기업들이 채용 시 구직자들에게 MBTI 유형을 요구한 사례가 있었다. MBTI 유형을 요구한 이유에 대해 기업

MBTI 유형별 특징

ISTJ	ISFJ	INFJ	INTJ
한번 시작한 일은 끝까지 해내는 성격	성실하고 온화하며 협력에 능한 사람	사람에 관한 뛰어난 통찰력을 가진 사람	전체를 조합해 비전을 제시하는 사람

ISTP	ISFP	INFP	INTP
논리적이고 뛰어난 상황 적응력	따뜻한 감성을 가진 겸손한 사람	이상적인 세상을 만들어가는 사람	비평적인 관점을 가진 뛰어난 전략가

ESTP	ESFP	ENFP	ENTP
친구, 운동, 음식 등 다양함을 선호	분위기를 고조시키는 우호적인 성격	열정적으로 새 관계를 만드는 사람	풍부한 상상력으로 새로운 것에 도전

ESTJ	ESFJ	ENFJ	ENTJ
사무적, 실용적, 현실적인 감각	친절, 현실감을 바탕으로 타인에게 봉사	타인의 성장을 도모, 협동에 능한 사람	비전을 갖고 타인을 인도하는 사람

출처: 스펙업

은 'MZ세대 트렌드를 반영했다', '지원자들의 성향 파악 등 면접 자료로 활용한다'라고 답했다. 하지만 일부 취업준비생들은 특정 MBTI 유형에 대한 편견이 채용에 불이익으로 작용할까 봐 불안감을 느끼기도 했다. Z세대에게 MBTI는 필수가 되었지만 지나친 활용은 부담스럽다.

Z세대가 MBTI에 열광하는 이유는 나 자신조차 잘 모른다는 불안감 때문이다. 자신에 대한 불확실함을 설명해 줄 자료를 외부에서 찾으려는 것이다. 자신의 유형과 함께 알고 싶은 사람의 유형을 깊이 들여다보기도 하고 자신과의 관계를 추측해 볼 수도 있다. 인간관계에 지쳐 있는 Z세대는 스트레스받지 않고 자신과 잘 맞는 사람과 관계를 맺고 싶다.

가스라이팅

나를 조종하려고 하지 마

Z세대는 심리학에 관심이 많다. 특히 2019년 코로나가 시작된 뒤 혼자만의 시간이 늘어나면서 각종 심리 테스트가 유행하기도 했다. 처음에는 하나의 놀이 문화처럼 시작되었지만, 불안한 미래 속에서 '나는 누구인가'라는 정체성을 찾는 문화로 자리 잡았다. Z세대는 사람들과의 교류가 줄어든 상황에서 다양한 주제에 대한 자신의 유형을 확인하고 다른 사람들과 공유하면서 서로를 알아갔다.

심리 테스트에 대한 Z세대의 관심이 높아지면서 MZ세대를 공략한 심리 테스트 마케팅도 늘어났다. 대표적으로 '나에게 어울리는 향수는?'이라는 심리 테스트가 있다. 문제 수는 10문제로 걸리는 시간은 3분이 채 되지 않는다. 테스트 질문은 '당신이 좋아하는 계절은 언제인가?', '처음 보는 상대와 대화를 하는 게 어색하지 않은가?'와 같이 향수와는 전혀 관련이 없는 질문들이다. 테스트가 끝나면 성격 분석과 함께 향수를 추천해 준다.

마케팅의 일종인 것을 알고 있지만 Z세대는 왠지 사고 싶은 충동이 든다. 과거에는 누구에게나 보편적이고 대중적인 것들이 트렌드였다면, Z세대에게는 자신을 위한 것, 자신만을 표현하는 것이 트렌드다. 세상에 있는 무수히 많은 사람을 단 몇 가지 질문만으로 유형을 분류하는 것이 무의미한 행동일지라도, Z세대에게 심리 테스트는 본인의 정체성을 찾는 방법 중 하나로 떠오르고 있다.

Z세대에게 MBTI만큼 빠질 수 없는 관심 주제로 '퍼스널 컬러'가 있다. 퍼스널 컬러는 자신에게 가장 잘 어울리는 색을 찾고 이를 패션과 뷰티에 활용하는 트렌드이다. 퍼스널 컬러 결과를 메이크업, 염색, 렌즈, 코디, 심지어 마스크에 활용하도록 진단해 주는 마케팅 기법도 생겨났다. Z세대는 이를 마케팅 수단이라기보다는 자신만을 위한 맞춤 브랜드로 생각한다. Z세대의 심리 트렌드를 활용한 성공적인 마케팅 사례 중 하나로 롯데백화점의 컬러라이즈가 있다.

롯데백화점이 2021년 3월 청량리점에서 오픈한 '컬러라이즈'는 퍼스널 컬러를 제안해 주는 브랜드이다. 결과 보고서를 통해 베스트·워스트 컬러, 추천 메이크업 스타일, 패션 코디 배색, 브랜드, 제품 추천까지 자세한 컨설팅을 제공받을 수 있다. 롯데백화점은 "오픈 이후 약 3개월 동안의 방문 고객을 분석한 결과, 대학생·취업준비생 등 자신에게 맞는 컬러를 찾고 싶어 하는 10~20대 Z세대의 방문이 무려 85%였다"라고 분석했다. 이어 "컬러라이즈 방문 후 결과 보고서에서 추천해 준 컬러를 연계 구매하는 경우가 대부분이었다"고 덧붙였다.

퍼스널 컬러 진단 결과와 자신이 주로 사용하던 색이 다르다면 옷과 화장품을 전부 버리고 새로 구매한다. 자신에게 가장 잘 어울리는 색깔을 찾았으니 아깝더라도 더 이상 사용할 이유가 없다. 친구의 퍼스널 컬러를 알고 있으면 선물하기도 쉽다. 개인마다 어울리는 색상이 따로 있기 때문에 화장품이나 옷을 선물하는 것은 어려운 일이었지만, 이제는 매장에 가서 친구의 퍼스널 컬러만 이야기하면 알아서 추천해 준다.

Z세대는 심리학 용어에도 익숙하다. 친구들과 연애 상담을 하다 보면 "너 가스라이팅 당하고 있는 거 아니야?"라는 말을 쉽게 듣는다. '가스라이팅(gaslighting)'이란 타인의 심리나 상황을 교묘하게 조작해 스스로에 대한 확신이 없어지게 만든 후 지배력을 행사하는 행위를 말한다. "너는 너무 예민해", "네가 문제라는 걸 모르겠니" 등의 말을 반복하여 상대방의 자존감과 판단 능력을 잃게 만든다. 가스라이팅은 드러내놓고 행하는 괴

롭힘과 달리 심리적인 차원에서 행하는 괴롭힘이기 때문에 중간에 깨닫기가 어렵고 서서히 옮아진다.

가스라이팅이라는 용어가 사용되기 전에는 상대방의 행동을 관계에서의 갈등 정도로 생각했지만, 이제는 가스라이팅 당하고 있는지를 스스로 판단하고 그 관계를 끊어낼 수 있다.

가스라이팅 행위는 어느 세대에서나 있었지만 지금처럼 이슈가 된 적이 없다. Z세대 사이에서 가스라이팅이라는 용어의 사용이 잦다는 것은, Z세대가 다른 세대보다 자신을 더 잘 살필 줄 알기 때문이라고 할 수 있다. 직장 생활로 인해 너무 힘들다면 Z세대는 자신을 보호하는 것이 급선무이기 때문에 회사를 그만둘 줄 안다.

SNS에서 자주 접할 수 있는 단어로 '플러팅(flirting)'이 있다. 플러팅이란 대놓고 호감을 표시하는 것을 말한다. 예를 들어 갑자기 하늘 사진을 보내며 "하늘 보니까 네가 생각난다"라고 하면, "갑자기?"라는 답변이 돌아오고, 그러면 "예쁘잖아"하고 멘트를 날리는 식이다.

이전에는 '작업 건다' 또는 '수작 부린다'라고 했는데, 이것과 조금 다른 점은 호감이 없을 때 오히려 더 그렇게 행동한다는 것이다. 그러다 보니 아슬아슬한 관계가 유지되며 "플러팅은 유죄다"라는 말도 생겨났다. 이 말이 유행어가 된 후에는 마음이 없더라도 조금만 잘해주면 "플러팅하고 있네"라고 쉽게 오해받기도 한다.

커뮤니티나 유튜브, SNS에서 "PTSD 온다"라는 말도 자주 볼 수 있다. 본래 PTSD는 정신 질환 중 하나로 '외상 후 스트레스 장애(post traumatic stress disorder, PTSD)'라는 뜻이다. 그러나 Z세대 사이에서 심리학 용어 PTSD는 가벼운 유행어가 되었다.

"분조장 올 거 같다"라는 말에서 '분조장'은 분노조절장애를 줄여 쓴 말로 매우 화가 날 때 쓰는 신조어다. '상황에 맞지 않게 분노를 폭발하는 증상으로 충동적인 고함, 비명 또는 과도한 책망 유발'이라는 분노조절장애의 정의와는 다르게, 상황이 자기 뜻대로 되지 않는다면 설령 작은 일이라도 "아, 분조장 올 거 같아"라고 내뱉는다. 심지어는 누군가가 조금만 화를 내더라도 "분조장이세요?"라는 말을 장난처럼 던지기도 한다.

일상생활 중에 본래의 의미보다 가볍게 심리학 용어들을 사용하고 있다. Z세대가 심리학에 관심이 많다는 것은 자신에게 관심을 가지고 챙길 줄 안다는 것을 의미한다. 하지만 단순한 유행어가 아니라 심리학 용어이기 때문에 실제로 그 증상을 겪고 있는 사람들에게 피해가 가지 않도록 주의해서 사용해야 할 것이다.

반려동물

나만 강아지, 고양이 없어

Z세대에게 반려동물은 가족 구성원이다. Z세대는 반려동물을 '내가 기르는 동물' 이상으로 여겨서 누군가가 가족 구성원을 물어보면 반려동물을 포함해 이야기한다.

한국관광공사가 2022년 6월에 발표한 '2022 반려동물 동반 여행 실태조사'에 따르면, 최근 1년 내 반려견과 함께 국내 숙박여행을 한 펫팸족(펫과 패밀리가 합쳐진 신조어)은 전체의 53%에 달했다. 이들은 반려견과 숙박여행 시 1인당 28만 9,771원을 지출한 것으로 나타났는데, 이는 일반 숙박 여행객의 평균 지출인 19만 2,000원을 크게 웃돈다.

반려동물 시장은 해마다 커지고 있다. 용품, 식품, 의류를 넘어서 장례, 레저, 여행 등으로 다양해지고 있다. 자신은 영양제를 챙겨 먹지 않더라도 반려동물을 위한 영양제는 필수다. 성수기가 되면 반려 바캉스를 위한 반려 호텔, 반려 펜션은 예약이 꽉 찬다.

여행지에서도 반려동물 동반 출입이 허용되는 식당이나 카페로 간다. 비용이 더 비쌀지라도 반려동물을 위한 소비를 아까워하지 않는다. 자기 자식을 양육하는 데 필요한 비용이라 생각한다.

"요즘은 유모차에 타고 있는 아이보다 강아지를 더 쉽게 볼 수 있다. 유모차 10대가 지나가면 1대가 아이일까 말까 한 정도이다. 강아지가 유모차를 타고 있는 모습을 보고 놀라면서도 한편으로는 씁쓸했다."

복합쇼핑몰 스타필드에 가면 다른 쇼핑몰에서는 볼 수 없는 모습을 볼 수 있다. 많은 사람이 유모차를 한 대씩 끌고 다닌다. 유모차 안을 잘 살펴보면 강아지들이 타고 있다. 각종 애견용품까지 싸 들고 나와 반려견끼리 인사시켜 주고 친구도 만들어준다. 기성세대의 눈에는 그저 신기한 광경이지만 Z세대에게는 자신의 반려견과 함께 쇼핑할 수 있는 최고의 쇼핑몰이다.

온라인에 친숙한 Z세대 반려인이라면 반려동물 전용 SNS는 필수이다. 강아지 인스타그램을 뜻하는 '멍스타그램'의 해시태그 게시물 수는 3,605만 개에 달한다. 마치 SNS 주인이 강아지인 것처럼 서로의 멍스타그램에 "안녕, 난 벼리라고 해. 우리 멍팔하고 친구 하자"라고 댓글을 달면서 소통한다. SNS에서는 스타견도 등장했다. 유기견이었던 달리의 일상을 기록하기 위해 2013년 개설된 '달려라 달리' 인스타그램 계정의 팔로워 수는 31.7만 명이다. 랜선 이모로 불리는 팔로워들은 게시물에 댓글을 남기며 자신의 애정과 관심을 드러낸다.

결혼

알아서 할게요

Z세대는 결혼과 출산을 필수라고 생각하지 않는다. 결혼과 출산을 꺼리는 풍조가 어제오늘의 일은 아니지만, Z세대는 이전 어느 세대와 비교해도 그 정도가 심각하다. Z세대는 소소하지만 확실한 곳에서 행복을 찾는다. 자신이 제일 중요하고 스스로를 돌보는 게 곧 행복이기 때문에 누군가를 위해 희생할 준비도 자신도 없다. Z세대에게 결혼과 출산은 더 이상 필수가 아닌 선택이다.

2019년 대학내일20대연구소가 전국 만 15~34세 미혼 남녀 500명을 대상으로 Z세대와 밀레니얼 세대의 향후 희망하는 가정 형태를 조사한 결과, 60.8%가 전통적인 가정을 희망했으며 비출산 가정이 18.0%, 비혼 가정이 14.8%였다. 또한 2020년 《한국일보》가 Z세대를 대상으로 진행한 결혼관 인식조사에 따르면, '결혼 안 해도 남녀 같이 살 수 있다'라는 질문에 남자는 72.8%가, 여자는 73.4%가 그렇다고 답했다.

요즘 "결혼 전에 무조건 동거를 해봐야 한다"라는 말이 있다. 결혼 전에 서로 알아가고 맞춰가는 시간이 필요하기 때문에 혼전 동거가 늘어나고 있다. 동거를 하다 보면 굳이 결혼의 필요성을 느끼지 못하게 된다. 오히려 결혼하여 법적으로 부부임이 인정되면 '이혼'이라는 말이 무겁게 느껴진다.

결혼과 동거가 사랑하는 사람과 함께 살아간다는 방식에서 다를 바 없다면 오히려 동거가 편하다. 결혼식은 올렸지만 혼인 신고는 몇 년이 지난 후 확신이 생길 때 하는 부부도 많아지고 있다. 혹은 충분한 신혼 기간을 가진 후 출산 계획을 세울 것을 결혼 전에 약속하기도 한다. 친구에게 결혼과 출산에 대한 생각을 물어보면 확실히 가치관이 기성세대와는 달라졌다는 것을 느낄 수 있다.

"나는 나를 위한 삶을 살고 싶지 내 가족, 특히 자녀들 때문에 내 삶을 희생하고 싶지 않다."

Z세대는 누구보다 자기 자신을 위해 살려고 노력하는 세대이기 때문에, 결혼과 출산으로 가족과 자녀를 위해 살아야 하는 선택을 꺼린다. 기성세대에게는 결혼과 출산이 인생의 필수

코스였다면, Z세대에게는 선택사항이 되어버린 것이다. 물론 자신과 사랑하는 사람을 똑 닮은 아이가 궁금하지만, 그 마음만으로 출산을 결심하기엔 책임져야 할 부분이 너무 많다.

Z세대는 그동안 가족을 위해 희생하는 부모의 모습을 보면서 컸다. 부모는 가정을 위해 자신의 꿈을 포기하고 현실의 문제를 좇았다. 자식들에게 경제적 여유를 제공하기 위해 맞벌이하면서도 함께 시간을 못 보내주는 것에 대해 미안해했다. 가족을 위해 자신을 희생하다가 자식이 독립하고 여유가 생길 즈음이 되면 그때는 돈이 있어도 옆에서 함께할 가족이 없다.

부모는 오랜 시간 가족을 위해 살아왔기 때문에 자신을 위해 사는 법을 잊었다. Z세대는 그런 부모의 사랑을 받고 자랐지만 부모처럼 모든 것을 포기하며 살고 싶지 않다. 더 놀라운 것은 Z세대의 부모도 자식이 자신처럼 살기를 원하지 않기 때문에 Z세대의 결혼과 출산에 대한 생각을 지지한다.

부모는 자식이 하고 싶은 일을 지지해 주고 싶지만 아직 사회가 받쳐주지 않는다고 느낀다. 이런 사회 속에서 부모도 결혼과 출산을 강요하지 않는다. 자식이 원하는 자신만의 삶을 살길 원한다. 그래서 부모에게 결혼과 출산을 할 생각이 없다고 선언해도 예전처럼 큰일 난 것처럼 놀라거나 반대하지 않는다.

2019년 잡코리아가 30~40대 직장인 613명을 대상으로 진행한 '자녀가 갖기를 희망하는 직업' 설문조사 결과에 따르면 1위는 '공무원(21.8%)'이었다. 30~40대라면 현 Z세대의 부모 나이대인데, 그들이 자녀의 직업을 선택할 때 높은 연봉이나 미래의 유망한 분야보다는 안정적인 근무환경과 복지제도를 더 중요한 가치로 생각한다는 것을 알 수 있다. 공무원은 Z세대가 결혼과 출산에 대한 부담을 덜 수 있는 최적의 직업이다. 하지만 직업을 결정하는 이유가 결혼과 출산이라면 너무나도 슬픈 일이다.

친구 5명에게 결혼과 출산을 할 생각이 있는지 물어보았다. 5명 중 4명이 결혼할 생각이 있다고 답했으며, 그 4명 중 3명이 출산할 생각이 없다고 하였다. 출산할 생각이 없는 이유는 '아이를 기르는 데 비용을 쓰는 대신 내가 사랑하는 사람과 둘이서 더 많은 것을 즐기며 살아가고 싶어서'였다. 과거에는 아기를 낳아 잘 키우고 싶었지만 당장 취업하기도 어려운 사회에서 살다 보니 출산하고 싶은 생각이 사라지고 있다고 답한 친구도 있었다.

"지금 당장 나 하나도 챙기기 버겁다. 정말 열심히 노력해야 사랑하는 사람과의 결혼을 꿈꿀 수 있는 경제력이 갖춰지는 상황에서 출산을 하더라도 잘 키울 자신이 없다. 그리고 아직 출산은 여자가 감당해야 하는 책임이 크다."

Z세대가 살면서 해결해야 하는 가장 대표적인 3가지는 내 집 마련, 돈 문제를 해결할 수 있는 직장, 결혼이다. 직장을 얻기 위해 20대를 쏟아부었고, 30대를 투자하여 내 집을 마련하려고 애쓰지만 많은 아파트 중에 내 집은 없고 집값은 닿지 못할 별처럼 높다. 세상에서 가장 흔한 듯하지만 어려운 일인 결혼을 하기 위해 대출을 받아서라도 좋은 사람과 함께할 가정을 겨우 만들어낸다. 과연 그렇게 온 힘을 다해 겨우 결혼에 성공하면 행복할까?

20대, 30대에 자신이 사고 싶은 것, 하고 싶은 것을 참으며 아끼고 아껴도 목표를 이룰까 말까 한 게 요즘 사회의 모습이다. 자신을 위한 소비도 참고 있는데 자식을 위할 자신이 없다. 출산으로 몸도, 삶도, 돈도 잃을 바에는 딩크족으로 둘이서 여유롭게 즐기면서 사는 게 더 행복할 것이라 생각한다. '노키즈존'이 늘어나는 걸 보면 사회도 아이 있는 가정을 꺼린다는 느낌을 받는다.

다음은 '다이렉트 결혼 준비' 카페에 올라온 글이다.

"저희는 둘이서도 너무 잘 맞고 재밌게 지내서 이대로 딩크족으

로 지낼 생각이에요. 저는 아직 제 꿈이 중요하고 남편은 제대로
된 조건이 안 된 상태에서 아기를 키우기 싫다고 하네요. 경제적
으로 풍족하면 키울 수 있겠다 싶지만, 그게 아니라면 둘이라도
행복하게 지내는 게 낫다고 생각합니다."

이 글 아래에는 "딩크족을 선언하고 결혼했는데 부모님 압
박이 엄청나요. 양가 부모님의 설득이 중요할 것 같아요"라는
댓글이 달려 있다. MZ세대 대부분은 딩크족을 선언한 부부의
의견을 지지한다. 애를 낳기 위해 결혼한 게 아닌데 왜 부모님
을 설득해야 하는지 이해가 되지 않는다. "아이 언제 낳을 거
냐, 왜 안 낳냐"라는 말은 이제 오지랖이 되었다.

결혼하는 것도, 애를 키우는 것도 능력이 돼야 가능한 사회
이다. Z세대는 감당하기 어려운 일은 처음부터 시작하지 않는
다. 이기적으로 보일 수도 있지만 오히려 책임감 있는 행동이다.
결혼과 출산에 대해 Z세대는 자신을 희생하고 자신의 삶이 없
어지는 것 같다는 느낌을 받는다. 현재의 자신이 행복하길 바라
는 그들에게 결혼과 출산은 필수가 아니다.

수능

넓어지는 선택의 폭

한국의 고등학생은 크게 문과와 이과로 나뉘어 있었다. 고등학교 2학년이 되면 어느 쪽으로 갈 것인지 선택했으며, 이과는 수학과 과학을 위주로 공부했고 문과는 국어와 영어가 핵심이었다. 그러다가 2021년 11월에 실시된 2022학년도 대학수학능력시험부터는 문·이과 통합으로 치르게 되었다. 인문, 사회, 과학기술에 대한 기초 소양을 균형 있게 개발하기 위함이다. 아직 통합이 완전히 정착하지는 않았지만 기성세대와 다른 큰 차이점이라고 할 수 있다.

이전에는 국어와 영어는 공통이고 수학과 탐구가 선택이었다. 2022학년도 수능부터 국어는 '독서'와 '문학'을 공통으로 하고 '화법과 작문', '언어와 매체' 중 하나를 선택하고, 수학은 '수학I'과 '수학II'를 공통으로 하고 '미분과 적분', '기하와 벡터', '확률과 통계' 중 하나를 선택하도록 바뀌었다. 영어는 그대로 공통으로 진행되고, 탐구 영역은 크게 변함이 없다.

아직 초기 단계라 문과와 이과가 확실하게 통합되지는 않았다. 사회탐구를 보는지, 과학탐구를 보는지에 따라 지원할 수 있는 학과가 다르다. 또한 수학 선택에서 이과는 대부분 '미분과 적분'을 선택하고, 문과는 대부분 '확률과 통계'를 선택해 뚜렷한 구분을 보인다. 일부 학생들은 높은 표준점수를 받기 위해 일부러 어려운 과목을 선택하기도 하지만 그 비율이 높지 않다.

다음은 2022년 수능을 본 한 학생의 인터뷰다.

"문과와 이과가 통합되었다고 하지만 체감되지는 않아요. 아직 친구들 사이에서 문과와 이과라는 말도 사용합니다. 대학교를 지원할 수 있는 과가 어차피 한정되어 있는데 무슨 의미가 있는지 모르겠어요."

문과와 이과가 나뉘어 있을 때, 각 과의 특성을 활용한 말장난들이 있었다. 문과에서 "그거 뭐였지? '모든 ○○이 ○○한 것은 아니다.' 이런 느낌이었는데 뭔지 아는 사람?"이라고 하면, 이과가 "모든 연속함수가 미분 가능한 것은 아니다"라고 알려준다. 문과는 자신과 다른 세계의 사람이라고 생각하며 반응하지 않는다. 앞으로는 이런 게 없어질 것이다. 문과와 이과의 경계가 점점 없어지고 있고, 이에 대한 기성세대의 아쉬움이 크다.

문과와 이과를 결정하는 요인은 '내가 문과 과목을 잘하는지, 이과 과목을 잘하는지'가 아니었다. '내가 수학을 잘하는지 못하는지'에 따라 문과와 이과를 결정했다. 이과생들은 수학이 대학을 결정짓기 때문에 대부분의 수험 시간을 수학 공부에 쏟았다. 문·이과생들의 수학 실력은 차이가 날 수밖에 없었고 문·이과 통합으로 그 실태가 여실히 드러났다.

실제로 문·이과 통합 수능이 도입되던 2021년 3월에 고3 연합 모의평가를 봤는데 수학 1등급, 상위 4%를 받은 학생 중 92.5%가 이과생이었고 문과생은 7.5%에 불과했다. 마찬가지로 수학 2등급도 81.4%가 이과생이었다. 그전에는 문과생끼리만 경쟁했기 때문에 문과생도 수학 1등급과 2등급이 존재했지만 바뀐 통합체제 안에서는 솔직히 3등급 받기도 어려웠다. 정시에서뿐만 아니라 수시에서도 최저 등급을 맞추기 어려운 상황이다.

문·이과 통합이 도입되면서 이과생이 대학 간판을 좇아 문과로 침공하는 정시 교차 지원이 늘어났다. 이과생이 문과로 가면 대학교 레벨이 확실히 올라가기 때문이다.

입시업체들은 2022학년도 대입에서 서울 지역 대학들의 인문계열 지원자 중 절반 이상이 이과생이며 서강대 등 일부 대학은 80%가 넘는다고 분석했다. 문과생의 이과 교차 지원은 제약이 많을 뿐만 아니라 진학 후에도 대학 수업을 따라잡기 힘들기 때문에 거의 하지 않는다. 하지만 이과생의 문과 교차 지원은 제약이 덜 하며 오히려 가산점을 주기도 한다. 문·이과 통합으로 이과생의 대학 선택권이 넓어진 것이다.

"문송합니다." 문과라서 죄송한 시대로 문과에 가면 취업이 안 되는데 굳이 대학교 레벨 올리자고 문과로 갈까 싶지만 경영학과나 경제학과 같은 상경 계열이나 미디어 계열, 통계학과는 이과의 교차 지원생이 꾸준히 응시하고 있다. 2022년 11월 종로학원이 자연계 지망생 1,263명을 대상으로 설문 조사한 결과 73.7%가 학과에 상관없이 대학 브랜드를 가장 우선한다고 답했다.

나 또한 완벽한 이과생으로 고등학교 1학년 때부터 생명공학과를 희망했다. 하지만 막상 3학년이 되었을 때 현실의 벽에 부딪혔고 선생님과 진학 상담을 할 때 이렇게 말했다. "저는 진짜 어떤 과도 상관없으니 대학 간판만 보고 가고 싶어요." 이과생이 문과 계열로 교차 지원하면 수학에 가산점 10%가 있는데 그 가산점은 대학 레벨을 몇 단계 높여주기 때문에 이과생 입장에서는 솔깃한 선택지가 아닐 수 없다. 결국 나는 살면서 한 번도 생각해 본 적 없는 경제학과로 진학했다.

문과와 이과가 존재하던 시기에도 대학 간판을 보고 교차 지원하는 학생들이 있었는데, 문·이과 통합 후에는 그런 학생들이 얼마나 많을지 쉽게 예상할 수 있다.

3장

코로나 시대 Z세대의 생활

코로나 학번

맛집? 나도 몰라

2020년 초 코로나19가 확산되면서 사람들의 생활 모습은 완전히 달라졌다. 성인으로서의 첫걸음을 뗀 Z세대가 느끼는 체감은 더욱 컸다. 코로나19 이후에 입학한 대학생들을 '코로나 학번'이라고 부른다. 코로나 학번의 시작은 2020년에 입학한 20학번이다. 힘들었던 수험 생활을 마친 그들은 3월에 푸르른 새 출발을 원했다. 하지만 코로나로 입학이 몇 주 미뤄지더니 쉽게 끝나지 않을 상황으로 흘러가면서 비대면 수업이 시작되었다.

대학교 동기들을 처음 만난 건 단체 카톡방이었다. 입학한 과에 어떤 동기들이 있는지 카톡 프로필을 보고 파악했다. 화상 강의를 통해 수업하고 교수님과 만났다. 대학 수업은 어떻게 다를지 기대했지만 크게 실감이 나지 않았다. 지금 내가 대학교에 다니고 있는 건지, 고등학교 수험 생활 때 듣던 인터넷 강의의 연장인지 헷갈렸다.

"20학번이고 곧 2학년 올라가지만 학교를 아직 네이버 이미지로 본 게 끝이다."

대학생 새내기 때만 즐길 수 있다는 OT, MT, 축제는 당연히 취소되었다. 간혹 몇몇 대학에서 메타버스로 OT, MT를 진행하기도 했지만 새내기의 기대를 만족시키긴 어려웠다. OT, MT를 안 갔으니 선배도 만날 수가 없었다. 선배의 도움 없이 새내기 혼자서 첫 대학 생활을 준비하기에는 벅찼다. OT에서 선배에게 들을 수 있었던, 교과과정에 따라 시간표 짜는 방법도, 수강 신청하는 방법도, 학교 건물 찾는 방법도 코로나 학번은 혼자 터득해야 했다. 기대했던 대학 생활이 이렇게 힘들고 재미없는 건지 몰랐다.

입학 전에 찾아보았던 '시간표 짜기 꿀팁' 중에는 공강 시간 고려하기, 연강일 경우 강의실 이동시간 고려하기, 아침 수업 피하기 등이 있었지만, 코로나 세대는 그럴 필요가 없었다. 강의 시작 2분 전에 일어나도 지각할 걱정이 없었다. 아침에 일어나는 게 너무 피곤하면 강의를 틀어두고 다시 자기도 했다. 어차피 화상 강의에 캠을 안 켠 애들이 대부분이었다. 수업을 안 들었다고 시험공부 할 때 고생할 걱정을 할 필요도 없었다. 녹화해 두고 시험 기간 때 몰아서 여러 번 반복해서 들으면 오히려 더 시험공부 하기 수월했다.

화상 강의를 하다 보니 아찔한 실수가 발생하기도 했다. 다음 카톡은 실제로 20학번인 내가 한 번도 만나보지 못한 동기에게 받은 카톡이다. 화상 강의를 하면 누가 지켜보는 사람이 없기 때문에 나태해져 딴짓을 하는 경우가 발생했다. 강의

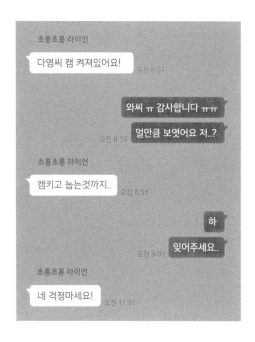

중에 자기도 하고 수업 시간과 점심시간이 겹치면 밥을 먹으며 수업을 듣기도 했다. 강의를 틀어놓은 채 친구를 만나 놀기도 했다. 간혹 캠이나 소리가 켜져 있는지 모르는 경우가 있는데, 그러면 자신이 딴짓하고 있는 모습과 소리가 송출되었다.

> "수업 듣는데 어디선가 코 고는 소리가 들려서 보니까 수업 듣는 학생 중 한 명이 마이크가 켜져 있는지 모르고 자고 있더라."

코로나 상황이 지속되면서 이참에 입대하거나 반수를 하는 새내기들도 많이 늘었다. 어차피 아무 활동도 할 수 없는 시기에 1년을 의미 없이 날릴 바엔 군대를 다녀오는 게 낫겠다는 것이다. 2020년에 《중앙일보》가 실시한 설문조사에 따르면 입학 이후 반수나 재수를 생각해 본 적이 있냐는 질문에 '없다'가 52.9%, '있다'가 47.1%로 나타났다. 기대했던 대학 생활을 이렇게 허무하게 보낼 바에는 반수하여 더 좋은 대학에서 새내기 생활을 즐기겠다는 것이다.

종로학원이 대학알리미 사이트를 분석한 결과, 2020학년도 대학 신입생 100명 가운데 7명이 학교를 그만둔 것으로 집계되었다. 4년제 일반대 신입생 가운데 중도 탈락 학생 수는 2만 3,971명으로, 전체 신입생의 6.9%가 합격 후 1학년도 채 마치지 않고 학교를 그만두었다.

비대면 강의로 수업하다 보니 개인 시간 활용이 자유로워졌다. 비대면 녹화 강의일 경우 자신이 원하는 시간에 강의를 들을 수 있기 때문이다. 이것을 학생들은 성장의 기회로 삼았다. 자유로운 개인 시간을 활용해 토익이나 자격증 공부 등 자기계발을 하는 것이다. 코로나 전에는 휴학한 후 스펙을 쌓는 기간을 가졌다면, 이제는 학업과 스펙 쌓기의 병행이 가능해진 것이다.

코로나를 겪은 Z세대 대학생들은 자신의 전공 지식에 자신이 없다. 비대면으로 할 수 있는 수업은 이론 수업으로 제한되다 보니, 실습이 중요한 학과는 전공 지식을 배우는 데 한계가 있었다. 특히 전문대생들은 현장 실습이 중요한데 코로나로 인해 교내 실습으로 대체되었고 현장 실습 없이 2년간의 대학 생활이 끝났기 때문에 자신의 전공 지식에 확신을 가질 수 없었던 것이다. 2년제 대학교의 경우는 비대면 강의만 듣고 동기나 교수님을 직접 보지도 못한 채 졸업하기도 했다.

코로나 세대부터는 대학 생활이 완전히 바뀌었다. 그들은 학교에 가서 동기를 만나본 적도, 교수님과 이야기해 본 적도 없다. 과제로 팀플을 하는 경우는 거의 없으며, 있더라도 팀원들과 줌(zoom)을 통해서 회의한다.

비대면 강의는 교수님과 질의응답을 주고받기 어렵다. 처음부터 비대면으로 대학 생활을 시작한 Z세대는 수업하시는 교수님의 말을 끊고 오디오로 질문하기에는 망설여져 몰라도 그냥 넘어간다. 수업이 끝난 후 메일을 보내기도 하지만 글자로 설명을 듣기에는 한계가 있다. 메일을 확인 안 하시는 교수님도 있어서 한 학기가 끝날 때까지 궁금증을 해소하지 못하는 경우도 있다.

그러다 보니 코로나 학번은 등록금에 불만이 생겼다. 코로나로 인해 대학 생활은 완전히 달라졌는데, 등록금은 변함이 없었기 때문이다. 온라인으로 강의가 진행되면서 수업의 질은 오프라인보다 낮아졌다. 학교에 갈 필요가 없으니 학교 시설을 이용해 본 적도 없다. 학교 축제와 행사들은 전면 취소가 되었다. 안 그래도 학교에 대한 애정이 없는 코로나 학번들은 실망과 분노 같은 부정적인 감정을 키웠다.

이렇게 길게 갈 줄 몰랐던 코로나와 함께 1년이 흘러 21학번이 들어왔다. 그러자 20학번은 '미개봉 중고 새내기'라고 불렸다. 새내기로서 누려야 할 것들을 못 누리고 2학년이 되었으니 선배 취급받기 억울하다는 것이다. 20학번은 21학번을 보고 괜히 동질감이 들어 뭐라도 더 알려주고 싶었지만 사실 같은 처지라 알려줄 것이 많지 않았다. 오히려 자신들도 아직 '미개봉 중고 새내기'니까 혹시 21학번이 OT나 MT를 가게 된다면 같이 갈 수 있기를 기대했다.

> "새내기한테 학교 앞 숨은 맛집이라도 알려주고 싶은데 학교를 가보질 않아서 나도 아는 게 없다. 학식도 먹어보질 않아서 어떤 지 말해줄 수가 없다. 같이 하나씩 배워야 하는 상황이다."

코로나의 여파로 Z세대의 대학 생활 모습은 사뭇 달라졌다. 그들은 자기 학교도 몇 번 가보지 못했으며 동기는 물론 선후배, 교수님까지 만나지 못한 채 2년이라는 시간이 흘렀다. Z세대에게는 학교에 대한 애정도, 선후배·동기 간의 끈끈한 학연도 없다. 비대면 수업 방식에 익숙해지면서 이제는 대면 수업보다 비대면 수업을 더 편하고 자연스럽게 여긴다. 코로나가 Z세대를 더 개인주의 세대로 만들었다.

비대면

이제는 비대면이
더 편해요

Z세대는 비대면 관계 형성이 익숙하고 편하다. 코로나로 인해 가장 크게 달라진 점은 비대면으로 하는 활동이 많아졌다는 것이다. 수업과 회의는 물론 대외 활동, 동아리 활동, 스터디까지 Z세대는 비대면으로 관계를 유지할 수 있는 방법들을 찾아나갔다. Z세대가 처음 비대면 관계 형성을 시작한 것은 대학 입학 때부터였다. Z세대는 한 번도 만나보지 못한 동기들과 카톡으로 연락하면서 관계를 형성했다. 다들 꿈꿔왔던 새내기 생활이 무너졌다는 동질감 때문인지 SNS만으로도 빠르게 친분을 쌓아나갈 수 있었다.

Z세대는 코로나로 인해 허무하게 지나가는 시간을 활용하기 시작했다. 대학생이 쌓아야 할 스펙 중 하나인 대외 활동 역시 비대면으로 진행되었다. 대한민국 대학생 교육기부단은 유·초·중등 학생들을 대상으로 교육기부를 하는 대한민국 최대 규

모의 교육기부 단체이다. 약 1년간 교육기부 활동을 해야만 수료증이 발급된다. 하지만 그 긴 기간 동안 활동하면서 부원들을 화면 밖에서 만나본 적이 없다.

교육 프로그램을 기획하고 수업을 준비하는 것, 회의하는 것 등이 전부 비대면으로 줌을 통해 진행된다. 학생에게 하는 교육기부 역시 비대면 수업으로 진행된다. 처음에는 소통하는 데 불편하기도 했지만, 오히려 회의나 수업을 하는 데 시간과 장소의 제약이 없었다. 여러 지역에 사는 대학생들이 모인 교육기부단이기 때문에 대면으로 회의를 진행했다면 지금처럼 자주, 모든 사람이 참석하기에는 어려웠을 것이다. 교육기부도 대면이었다면 일 대 다수로 진행되었겠지만, 비대면에서는 한 부원이 소수의 인원만 집중적으로 관리할 수 있기 때문에 효율이 더 높았다.

비대면으로 대외 활동이 진행되면서 전 세계 사람들과 함께할 수 있는 대외 활동도 늘어나고 있다. 비대면에 익숙해져 가고 있는 Z세대는 더 이상 다양한 사람들과 함께 비대면으로 활동하는 것이 어색하지 않다.

스터디도 이제는 비대면이 대세다. 코로나가 없던 시절의 스터디는 같은 목표를 가진 사람들이 정해진 장소에 모여 함께 공부하면서 서로 도움을 받는 것이었다. 하지만 코로나로 인해 사람들은 비대면으로 스터디를 진행하기 시작했다. 처음에는 '비대면으로 스터디를 하는 게 과연 도움이 될까' 하는 의구심이 들었지만, 막상 해보니 오히려 비대면의 장점이 더 많았다.

사람마다 집중이 잘되는 공간과 시간대가 있다. 대면으로 스터디를 할 때는 모두가 만족하는 장소에서 만나기가 쉽지 않지만, 비대면으로 하게 되면 각자 자신의 집중도가 가장 높은 장소에서 화면을 켜고 공부하면 된다. 새벽 시간대에 집중이 잘되는 사람들은 그 사람들끼리 모여서 스터디를 할 수도 있다.

화면이 켜져 있기 때문에 비대면이라고 딴짓할 걱정은 하지 않아도 된다. 정보 공유도 문제없다. 화면 공유 기능이 있기 때문에 각자 모니터로 편리하게 정보를 확인할 수 있다. Z세대는 코로나 이후 자신과 잘 맞는 사람들과 스터디를 진행할 수 있게 되었으며 비대면 스터디에 적응해 나가며 효율을 높였다.

코로나로 인해 2년 가까이 집 안에서만 생활하게 되면서 '코로나 대인기피증'이라는 말이 생겨났다. 온라인 관계 형성이 익숙해지면서 이제는 진짜 사람을 만나는 게 부담이 되어 두려움까지 발생하는 것이다. 코로나를 핑계로 진짜 사람을 만나야 하는 상황을 피하기도 한다. 굳이 오프라인으로 만나야 할 필요를 못 느끼는 것이다.

2021년 12월 대학내일20대연구소가 만 15세에서 60세 남녀 1,200명을 대상으로 세대별 소통 방식에 대한 인식 조사 결과를 발표했다. 2020년에는 Z세대가 직접 만남을 선호하는 비율이 42.0%, 모바일 메신저를 선호하는 비율이 30.0%였지만, 2021년에는 직접 만남을 선호하는 비율이 31.3%, 모바일 메신저를 선호하는 비율이 36.7%였다. 2020년에는 갑작스러운 코로나로 인해 만남이 강제로 줄어들게 되면서 직접 만남을 선호하는 비율이 더 높았다면, 2021년에는 비대면 만남에 익숙해지면서 직접 만남을 선호하는 비율이 줄었다는 것을 알 수 있다.

코로나로 인한 비대면 환경은 Z세대에게 코로나 대인기피증을 넘어서 '콜포비아'까지 발생시켰다. 콜포비아는 전화보다 모바일 메신저를 더 많이 사용하는 세대에게 나타나고 있는 현상이다. 2020년 잡코리아×알바몬 통계센터에서 성인 남녀 518명을 대상으로 조사한 결과에 따르면, Z세대 2명 중 1명은 콜포비아를 겪은 적이 있다고 한다. 특히 콜포비아는 코로나가 시작된 이후 Z세대에게 더욱 빈번하게 발견되고 있다. 문자와 메신저만으로도 소통이 가능하고 코로나19로 인해 비대면 의사소통이 활발해지면서 Z세대에게 이런 현상이 일어나게 된 것이다.

코로나로 인해 직접 식당에 가서 먹기보다는 배달앱 이용이 늘어났으며, 대면 배달보다는 문 앞에 두고 가는 비대면 배달이 권장되었다. 이렇게 배달앱을 통한 비대면 주문이 익숙해지면서, 실제로 전화 주문하는 것을 꺼리는 친구들이 많아졌다. 주문을 잘못했을 때 메뉴를 변경하는 전화를 대신해 달라고 부탁하는 친구도 많고, 심지어 전화를 못 해서 잘못된 메뉴를 그냥 먹는 친구도 있다.

> "교수님에게서 전화가 왔었는데 화면 밖에서 한 번도 만나본 적도, 말해본 적도 없는 교수님과 이야기하려니까 너무 두려워서 받을 수가 없었다. 잘못한 건 아니었는데 전화로 어떻게 말을 해야 할지 몰라 머릿속이 하얘졌다. 그래서 문자로 '전화 받을 수 없는 상황이라 문자 부탁드립니다'라고 남겨서 결국 교수님과 문자로 대화를 했다."

코로나 학번은 어떻게 미팅을 했을까? 대학 생활의 로망 중 하나가 미팅이지만, 코로나로 인해 미팅하는 것은 조심스러웠다. 가끔 대학생 익명 커뮤니티 에브리타임에 "줌으로 온라인 미팅을 진행할 예정입니다. 관심 있으신 분 연락주세요"라는 글이 올라왔다. 줌으로 하는 소개팅이라는 뜻의 '줌개팅'이라는 용어도 생겨났다. 줌개팅은 Z세대 사이에서도 흔한 일이 아니지만 코로나로 인해 가끔 볼 수 있는 특이한 장면이었다.

코로나 학번이 과팅을 하기 위한 조건은 상당히 까다로웠다. 먼저 친한 선배가 있어야 했다. 코로나 학번은 자신의 과 동기도 누가 있는지 잘 모르는데 다른 과에 아는 사람이 있을 리가 없었다. 코로나 상황이라 선배를 만나는 것은 어려운 일이었지만 학생회 선배들은 가끔 만나기도 했다. 그러다가 친해지면 과팅의 로망을 버리지 못한 20학번을 위해 학생회 선배들이 과팅을 잡아주기도 했다.

두 번째로 과팅의 인원수는 2:2로 정해져 있었다. 코로나 방영 수칙으로 5인 이상 모일 수 없었기 때문에 과팅의 기본 인원수인 3:3이나 4:4를 맞추지 못했다. 코로나로 인해 술자리를 별로 가져본 적도 없는 코로나 학번 4명이 몇 안 되는 아는 술게임이라도 꺼내서 어색한 분위기를 풀어야 했다.

"지난해에 이어 올해도 이른바 코로나 학번 새내기를 맞는 대학가가 저마다 이색적인 방법으로 신입생을 맞이하고 있습니다. 온라인 인사에 비대면 술자리까지, 새내기들에게 추억과 설렘을 지켜줄 이색적인 방안이 등장하고 있습니다."

위 기사는 2021년 2월 YTN의 한 뉴스 내용이다. Z세대는 코로나로 인해 대면 만남이 금지되면서 각자만의 방법으로 만남을 지켜오고 있다. 그중 하나는 랜선 술자리다. 비대면으로

만 1년을 보낸 20학번은 연말 마무리도 줌을 이용하여 술자리를 갖는다. 준비물은 취향껏 준비한 안주와 술 그리고 컴퓨터이다. 줌 링크를 친구들과 공유하면 하나둘 들어오고 혼란스러운 한 해를 잘 보냈다는 인사말과 함께 모니터의 카메라를 향해 다 같이 '짠!'을 한다.

코로나와 함께 2년을 보낸 Z세대는 비대면 속에서 각자만의 교류 방법을 찾았다. 처음에는 불편하고 어색했을지 몰라도 점점 비대면만의 장점을 찾고 편안함과 익숙함을 느끼기 시작했다. 그동안 빠르게 변화하는 환경에 쉽게 적응해 온 Z세대의 특징이 코로나와 합쳐지면서 이러한 결과가 나오게 된 것이다. Z세대는 비대면을 통해서도 얼마든지 관계를 형성하고 유지해 나갈 수 있다.

태블릿

공부 필수템

IT 기술의 발달과 코로나로 인한 비대면 시대가 오면서 Z세대의 학습 습관은 달라졌다. 밀레니얼 세대까지만 해도 공부하기 위해 필요한 것은 펜과 종이였다. 하지만 이제는 태블릿이 Z세대의 공부 필수템이 되었다. 태블릿으로 학습 플랜을 세우고 필기도 하고 요점 정리 노트도 만든다. 더 이상 종류별로 여러 권의 노트도, 펜도 구매할 필요가 없다.

내가 고등학생 때까지만 해도 반에서 절반 이상이 자신의 태블릿을 보유하고 있었다. 주로 인강을 보기 위함이었다. 인강 사이트에서 결제하면 태블릿을 사은품으로 주었다. 필수템까지는 아니었지만 사용하는 친구들이 꽤 있는 정도였다. 하지만 불과 몇 년 사이에 태블릿을 사용하지 않는 학생을 찾기가 더 어려워졌다.

"태블릿이 없으면 어떻게 공부해?"

태블릿이 없던 내가 친구에게 실제로 들었던 말이다. 나는 대학교를 입학할 때까지 태블릿이 없었고 노트북을 이용했다. 입학하자마자 코로나로 인해 전면 비대면 수업이 진행되었고 노트북을 항상 들고 다녀야 했다. 태블릿은 아무리 무거워도 1kg의 무게를 넘지 않지만, 노트북은 1kg대면 초경량 노트북이라는 수식어가 붙을 정도로 태블릿에 비해 무겁다.

특수대학원은 직장인을 대상으로 하는 대학원이다. 일반대학원과 다르게 연령대의 폭이 넓다. 20대부터 50대까지 다양하다. 특수대학원의 수업을 살펴보면 나이에 따라 주로 사용하는 학습 도구가 다른 점을 발견할 수 있다. 20대와 30대는 태블릿을 사용하는 반면, 40대 이상은 공책을 사용한다. 사실 5년 전만 해도 대학교 수업 중에 태블릿을 사용하는 비율이 높지 않았는데 최근에 생긴 변화다.

태블릿이 있으면 더 이상 무거운 전공책을 들고 다닐 필요가 없다. 스캔하면 아무리 두꺼운 책들도 몇 권이고 태블릿 안에 담을 수 있다. 예전에는 교수님이 수업 자료를 올려주시면 수업 전에 프린트해서 준비해야 했지만, 이제는 태블릿으로 다운받아서 바로 필기하면 된다. 수업 중에 이해가 안 되는 부분

은 사진을 찍어 옆에 메모해 두거나 필기 앱으로 녹음하여 수업
이 끝난 후 그 부분만 반복적으로 다시 확인할 수도 있다.

　노트북과 태블릿은 사용 용도에 따라서 약간의 차이가 있
다. 워드나 엑셀 등을 사용해야 하는 생산적인 측면에서는 노
트북이 좋지만 노트 필기나 동영상 감상, 간단한 편집 등을 할
때는 태블릿이 유리하다. 학습할 때는 굳이 무거운 노트북을
들고 다닐 이유가 없는 것이다.

　태블릿을 사용하더라도 필기와 노트 정리만은 고전적인 방
식을 추구하는 Z세대도 있다. 태블릿이 훨씬 편하지만 학습 능
률은 못 따라잡는다는 것이다. 그래서 태블릿은 수업 시간에
대충 빠르게 필기하기 위해서 이용하고, 노트에 다시 정리하면
서 복습한다. 태블릿을 이용하면 어디서든 독서할 수 있지만
종이책이 끊임없이 인기를 얻는 것도 같은 이유다.

　수업 시간에 선생님을 따라 필기하다가 틀린 부분이 있을
때 화이트로 지우는 것도 번거롭다. 태블릿은 그냥 바로 쓱쓱
지우면 된다. 표나 그림 등 자료가 많은 과목을 공부할 때는 더
욱 유용하다. 인터넷에서 바로 자료를 받아 필기 앱 노트 위에
그대로 붙여 넣을 수도 있다. 옛날에는 오답 노트를 쓸 때 문제
를 다 받아 적거나 문제지를 잘라 풀로 붙였는데, 이는 지금의
Z세대는 상상도 할 수 없는 귀찮은 작업이다.

이제는 '기출문제 PDF'라고만 검색하면 다양한 PDF 파일들이 나온다. 태블릿이 보편화되면서 태블릿 이용자들을 위해 올려놓은 파일들이다. 비대면 수업이 많아지면서 출판사에서도 파일을 올려놓는다. 태블릿은 복제나 수정이 용이하기 때문에 같은 문제를 여러 번 반복해서 풀기도 쉽다. 더 이상 책장이 빼곡하지 않아도, 무거운 책을 여러 권 들고 다니지 않아도 된다.

디지털 기기가 보편화되면서 "우리 같이 공부할래?"라는 말을 기성세대와 Z세대는 서로 다르게 해석한다. 기성세대에게 같이 공부한다는 것은 같은 공간에서 서로 모르는 것을 물어보면서 함께 공부하는 것을 의미한다. 하지만 Z세대는 같은 공간에 있지 않더라도 같이 공부할 수 있다. 서로 다른 공간에서 같은 시간 동안 앱을 통해 공부 시간과 목표를 체크하거나 줌을 통해 서로 공부하는 모습을 켜둔다. 영상 너머에서 열심히 공부하는 친구의 모습을 보며 함께 동기부여를 받는다.

자신이 공부하는 모습을 영상으로 찍어서 SNS에 인증하는 것도 Z세대의 학습 습관 중 하나다. 영상으로 담으면 자신이 딴짓을 했는지, 얼마나 오랜 시간 집중했는지 볼 수 있다. SNS에 매일 자신의 공부 플래너와 학습 영상을 올려야 하기 때문에 쉽게 딴짓을 하지 않는다. 자신의 영상이 누군가에게 공부 자극이 되길 바라면서 올리기 때문이다.

ASMR을 틀어놓고 공부하는 것도 Z세대의 학습 습관 중하나다. 유튜브에 '공부 ASMR'을 치면 다양한 영상들이 나온다. 특히 인기 있는 것은 '서울대학교 중앙도서관 ASMR'과 '장작 타는 소리'이다. 서울대학교 도서관 ASMR에는 책 넘기는 소리, 펜 떨어지는 소리, 필기하는 소리도 중간중간 들린다. 소리를 들으며 공부하다 보면 어느새 자신도 그 공간에 있다는 생각이 들면서 공부에 집중하게 되는 것이다. 이제 ASMR 없이는 공부가 잘 안된다는 반응이다. Z세대는 디지털 기기로 자신의 학습 공간을 바꾸었다.

　　이렇게 자란 Z세대가 회사 신입이 되면 "회의할게요"라는 말에 종이와 펜 아닌 태블릿을 들고 참석할 수도 있다. 회의 중 자꾸 스마트폰을 들여다보는 Z세대를 보면서 기성세대는 '집중력 없는 스마트폰 중독자들'이라고 생각할 수도 있지만, Z세대는 스마트폰을 딴짓의 용도로만 사용하지 않는다. 태블릿으로 회의 내용을 바로 메모할 수도 있고 모르는 내용은 바로 검색할 수도 있다. 회의 자료를 빠르게 공유할 수도 있다. Z세대에게 태블릿은 이제 학습 도구이다.

선후배

학연도 옛말

Z세대는 선후배 간의 교류가 없어서 수직적 문화를 모른다. 코로나 학번은 선배를 만날 기회가 거의 없었다. 아무것도 모른 채 입학한 코로나 학번은 시간표를 커리큘럼에 맞게 짜는 방법도, 수강 신청을 하는 방법도 혼자서 배워야 했다. 코로나 전에는 OT에서 친해진 선배들이 시간표를 함께 짜주며 꿀강을 추천해 주기도 했고 수강 신청 꿀팁도 들려주었다. 하지만 20학번은 대학생 커뮤니티 앱인 에브리타임을 통해 익명인에게 도움을 받거나 네이버에서 '수강 신청 올클하는 법'을 찾았다.

선후배 간의 친목을 도모하는 풍습으로 '밥약'과 '보은'이 있다. 3월에 새내기가 입학하면 과 선배와 후배는 식사 약속을 잡고 선배가 후배에게 밥을 사주는 것을 밥약이라고 부른다. 밥약은 '밥 약속'의 줄임말이다. 4월이 되어 후배가 선배에게 보답의 의미로 밥을 사는 것을 보은이라고 한다. 하지만 20학번은 4학년이 될 때까지 밥약과 보은을 해본 적이 없다.

　시험 기간이 되면 선후배 간에 족보가 오간다. 족보란 선배가 전에 들었던 강의를 현재 듣고 있는 후배에게 건네주는 시험 기출문제나 과제 등 시험공부에 유용한 자료들을 말한다. 친분이 없는 사람끼리는 족보를 사고팔기도 하는데, 가격이 대략 35,000~50,000원이지만 자신이 아끼는 과 후배라면 얼마든지 무료로 넘겨준다.

　다들 한 번쯤은 족보를 받은 기억이 있기 때문에 자신도 언젠간 후배에게 넘겨주리라 생각하고 족보를 만들어놓기도 한다. 하지만 코로나 학번은 족보를 받아본 적이 없다. 시험이 급할 때는 대학생 커뮤니티 앱인 에브리타임에서 돈을 주고 구매했다. 족보가 도대체 어떤 자료인지도 모르는 Z세대도 있다. 한 번도 얼굴을 본 적 없는 과 후배에게 족보를 줄 이유도, 한 번도 만나보지 못한 선배에게 족보를 달라고 할 명분도 없다.

　상황이 이렇다 보니 학교에서는 선후배 간의 연결을 도모하는 프로그램을 진행했다. 하지만 그마저도 제대로 이루어지지 않았다. 친목을 쌓기 위해서는 만남이 필요한데 코로나 상황에서는 "만나서 밥 한번 먹자"라는 말도 조심스러웠기 때문이다. 그리고 자연스러운 선후배 간의 관계가 아닌 의무성이 포함된 프로그램으로 친목을 쌓으려다 보니 오히려 더 서먹하고 괜히 불편했다. 결국 프로그램은 원래 취지와는 다르게 후배가 대학 생활 중에 모르는 것을 메신저로 질문하면 선배가 답해주는 식으로 그저 인포메이션에 문의하는 것과 다를 바 없는 관계로만 남게 되었다.

> "그냥 같은 대학, 같은 과에 속해 있는 나보다 몇 년 빨리 입학한 사람 딱 그 정도."

주위 친구에게 "대학 선배란?"이라는 질문을 던졌을 때 대체로 위와 같은 대답이 나왔다. 확실히 코로나 학번부터 선배의 의미는 달라졌다. 말이 선배지 코로나 학번에게 선배의 의미는 '모르는 사람'이라고 칭해도 다를 바가 없다. 그러다 보니 사회에서 우연히 같은 과 선후배라는 것을 알게 되어도 특별히 애정이 가거나 학연이 생기지도 않는다. 어쩌면 코로나 전보다 학교에 대한 애정도 확실히 달라졌다.

20학번이 선배가 되어 21학번 후배를 맞이했을 때의 상황은 더욱 처참했다. 20학번이 새내기였을 때는 코로나로 인해 행사가 취소되었지만 코로나 전 학번 선배들이 새내기를 비대면으로 보낼 20학번에게 SNS로나마 도움을 주었다. 비록 만나보지는 못했어도 카톡에서 조를 나누어 시간표를 커리큘럼에 맞게 짰는지, 졸업 요건을 어떻게 채워야 하는지 선배의 도움을 받을 수 있었다.

하지만 21학번이 새내기가 되었을 때는 선배와 후배 모두 코로나 학번이 되었다. 19학번이 20학번을 봤을 때 측은지심이라도 있었다면, 20학번은 21학번에게 그런 감정이 없다. 자신들도 새내기가 되어본 적 없는 불운의 헌내기일 뿐이다. 21학번이 모르는 것은 어차피 20학번도 잘 모른다. 자신도 1년간 선배를 본 적이 없기 때문에 굳이 21학번에게 따로 연락하거나 만나서 관계를 이어나가야 할 필요를 느끼지 않는다. 자신도 1년 동안 대학 생활을 온라인 검색으로 배웠기 때문에 굳이 21학번에게 알려줘야 한다는 생각이 들지 않는다. 대학 선후배 간의 관계는 여기서 끊어졌다.

코로나19 상황에서 23학번이 입학했다. 첫 코로나 세대인 20학번은 4학년, 21학번은 3학년, 22학번은 2학년이 되었다. 이는 더 이상 새내기에게 대학 생활을 알려줄 수 있는 학번이 없다는 것을 뜻한다. 20학번, 21학번, 22학번, 23학번이 새내기 MT를 가면 학교 응원을 알려줄 수 있는 학번이 없다. 행사나 학교 전통의 대가 끊길 것이다. 과마다 전통이 있었고 MT를 통해 선후배로 계승되었지만, 코로나로 인해 몇 년간 MT가 없었고 그걸 경험했던 선배들은 졸업하여 점점 코로나 학번들로

학년이 채워지고 있다.

FM(에프엠)은 대학 구호로 자기소개를 하는 것이다. 예를 들면 자주관악(서울대), 민족고대(고려대), 통일연세(연세대), 해방이화(이화여대) 이런 식이다. 누군가가 FM 인트로를 외치면 "안녕하십니까! [대학 구호]! [단과대 구호]! [과 구호]! [학번+이름]! 인사드립니다!"라고 외쳐야 한다. 총회나 축제 때 단합을 위해 주로 사용하지만 개인 술자리에서도 쉽게 들을 수 있을 만큼 대학 문화로 완벽히 자리 잡았었다. 그런데 최근 학교 게시판에 다음과 같은 글이 올라왔다.

"확실히 코로나 이후로 대학 문화가 바뀌었다는 걸 체감한다. 술집에서 FM! FM! 하면 주변 테이블에서도 호응해 주던 게 일상이고 대학문화였는데, 최근에 FM 하니까 신입생 테이블에서 조용히 해달라고 컴플레인 왔더라."

댓글은 "FM 하는데 컴플레인이 들어와? 헐… 진짜 충격이다"와 "FM이 뭔데?" 두 가지 반응으로 나뉘었다. 반응만으로 코로나 전과 후 학번이 유추된다. 술집에서 FM을 외치면 다른 테이블에서도 다 같이 외쳐주던 대학 생활을 해온 학번들에게는 충격적인 일이었던 것이다.

FM은 새내기들이 입학하자마자 OT에서 배우는 것이었다. FM이 사라진다는 것은 코로나 전 학번들은 상상도 할 수 없는 일이었다. 그러나 20학번부터는 FM을 알지 못한다. 1학년 때는 간혹 술자리에서 들을 수 있었고 대부분이 FM 문화를 아는 코로나 전 학번의 외침이었다. 하지만 코로나가 시작된 지 4년이 지나 4학년이 된 지금, 이제는 웬만해서 듣기 힘들다. 더 이상 학교 구호, 과 구호를 알려줄 사람도 없고 아는 사람도 사라져가고 있다.

코로나가 끊은 선후배 간의 관계는 대학생 Z세대만이 아니다. 고등학생 Z세대도 코로나로 인해 분위기가 달라졌다.

"2020학년도 대학수학능력시험이 치러진 지난해 11월 14일 오전 서울 중구 이화여자외국어고등학교 정문 앞이 응원하러 온 학생들과 취재진으로 북새통을 이루고 있다. 고등학교 재학생들이 수능을 보는 선배들을 응원하고 있다. 그에 비해 코로나19 사태 속에서 2021학년도 수능이 치러진 3일 응원이 금지된 탓에 동일한 학교 앞 풍경이 지난해와 사뭇 다르다."

코로나가 바꾼 수능 풍경을 보도한 《한국일보》 기사의 일부이다. 예로부터 수능 날이 되면 후배가 수능을 보는 선배들을 응원하기 위해 따뜻한 음료나 간식거리를 전달하며 용기를 북돋웠다. 매년 수능의 상징처럼 펼쳐지던 후배들의 큰절을 볼 수 있었다. 작은 행사 속에서 선후배 간의 훈훈한 정을 느낄 수 있었다.

하지만 교육 당국이 코로나19 확산 방지를 위해 집단 응원 금지령을 내리면서 사상 초유 정적의 코로나 수능이 치러진 것이다. 코로나로 인해 끊어진 선후배 간의 관계는 대학생뿐만 아니라 교육과정을 밟고 있는 전 Z세대가 모두 겪고 있는 상황이다. 다만 사회에 첫발을 디딘 코로나 학번의 대학생들에게 그 피해가 더 컸을 뿐이다.

코로나가 시작했을 때부터 이미 선후배 간의 교류는 끊어졌다. Z세대는 선후배와의 관계가 불편해지기 시작했으며 굳이 이어나가야 할 필요성도 느끼지 못한다. 학교, 선후배, 동기에 대한 애정도 갖고 있지 않다. 그렇기 때문에 코로나를 겪은 Z세대에게 코로나 전만큼 선후배 간의 문화를 바라서도 기대해서도 안 된다.

딤플

비대면 시대
발전한 빌런

대학생들이 가장 싫어하는 과제는 팀플이다. 팀플은 낯선 사람과 같은 조가 되어 의견을 나누고 공동의 결과물을 제출해야 하는 아주 귀찮은 과제다. 일부러 팀플이 없는 과목을 수강 신청하기도 하고, 조원으로 팀플 빌런이라도 만나게 되면 과목 드롭까지도 진지하게 고려한다. 그럼에도 교수님이 모든 대학생들이 싫어하는 팀플을 과제로 내는 이유는 팀플에서도 분명 배우는 것이 있기 때문이다.

대학 생활은 사회에 나가기 전에 준비할 내용들을 배우고 익히는 과정이다. 팀플 활동은 직장 생활에서 필요한 역량들을 키우는 데 도움을 준다. 당장은 팀플이 귀찮은 과제일 뿐이더라도 의견을 나누고 최고의 공동 결과물을 내는 과정에서 각 개인은 성장하게 된다. 하지만 코로나 학번에게는 그런 기회가 없었다.

코로나 학번은 대면보다는 비대면이 편한 학번이다. 입학과 동시에 비대면 수업이 진행되었고 그런 상황을 알기에 교수님은 더 이상 팀플 과제를 내지 않았다. 즉, Z세대는 팀플을 제대로 해본 경험이 없다.

교수님들은 코로나로 인해 만나기 어려운 상황을 고려하여 개별 과제를 낸다. 간혹 팀플 과제를 내는 교수님도 있지만 만나지 않고 온라인상으로도 충분히 진행할 수 있는 수준이다. 그래서 코로나 학번에게 팀플은 협동 작업을 배운다기보다는 그냥 팀원들과 과제의 몫을 분배해서 각자 준비하는 느낌이 강하다.

코로나 학번은 입학 전부터 커뮤니티를 통해 팀플 최악의 빌런들에 대한 썰과 함께 대처 방법을 들었다. 나름의 준비와 약간의 기대를 갖고 입학했지만 4학년이 된 지금까지도 듣던 것만큼 체감되지 않는다. 동기들도 만나본 적이 없는 코로나 학번은 교수님이 정해준 사람 혹은 랜덤으로 팀플 조가 만들어진다.

조가 정해지면 팀플의 시작은 카카오톡이다. 카카오톡을 통해 팀플 진행을 위한 일정을 잡는다. 일정을 잡을 때는 시간과 장소의 제약을 받지 않는다. 가능한 시간대가 일치하면 그 시간대에 줌 링크를 보내고 접속하면 된다. 대면으로 할 때는 일정 맞추기가 어려워 한 번 만나는 것도 애를 먹었으니 지금이 오히려 편하다.

반대로 코로나로 인해 팀플이 더 힘들어졌다는 사람도 있다. 코로나 전에 대면으로 팀플을 했던 학번들은 카카오톡만으로 의견을 교환하는 것이 답답하게 느껴지는 것이다. 대면으로 만나서 팀플을 하면 한 번의 만남으로도 빠르게 진행되지만 카카오톡은 자신의 의견을 글로 전달하는 것부터가 고비다.

심지어 팀원의 카카오톡 확인 속도가 느리다면 정말 최악이다. 비대면으로 진행하는 팀플에서도 화면 속 팀플 빌런들이 있다. 이동 중 팀플을 하고 있는 팀원, 화면에 이마밖에 보이지 않는 팀원, 연결 상태가 계속 끊기는 팀원, 마이크나 카메라가 고장 나서 켤 수 없다는 팀원 등이다. 이런 경우에는 오히려 비대면보다 대면이 낫다는 생각이 든다.

"코로나가 시작된 뒤 첫 대면 수업이 진행되면서 팀플 과제가 많아졌다. 하지만 팀플을 할 만한 환경이 만들어지지 않았다. 팀원들의 수업이 끝나는 시간이 6시인데 카페 운영 시간이 9시까지로 제한되어 있어 저녁을 먹지 않고 만나도 3시간밖에 시간이 없다. 학교 건물은 코로나 때문에 개방이 제한되어 있다."

팀플 발표가 코로나 전만큼 긴장되지 않는다. 여러 사람들 앞에서 발표한다는 것은 매우 긴장되는 일이다. 발표할 때 시선이나 제스처도 신경 써야 하고, 대본만 보고 읽을 수는 없기 때문에 어느 정도 암기도 필요하다. 하지만 비대면 발표는 그럴 필요가 없다. 여러 사람 앞에 설 필요 없이 자신이 원하는 장소에서 카메라를 보고 발표하면 된다. 발표를 긴장하게 만드는 수십 개의 눈도 없다. 컴퓨터 화면에 PPT 같은 발표 자료를 띄워놓고 발표하기 때문에 PPT를 대놓고 보면서 발표해도 티 나지 않는다

"3년 동안 컴퓨터 카메라를 보고 발표해 왔는데 대면으로 여러 사람들 앞에서 발표할 생각을 하면 아찔하다. 이제는 발표를 어떻게 했는지도 기억이 나지 않는다."

Z세대는 코로나 전보다 발표할 경험이 적었기 때문에 그들의 발표 능력은 확실히 떨어졌다. 3년 동안 컴퓨터 스크린을 보고 발표해 왔는데 사람들 앞에 서서 발표한다는 것은 그들에게 어색한 일이다. 이런 상황을 이해한다면 Z세대에게 다른 세대만큼의 발표 능력을 기대해서는 안 될 것이다.

대학생 20학번 박 모 씨는 입학한 지 3년 만에 첫 대면 수업이 시작되었다. 하지만 그는 첫 대면 수업에서 이상한 점을

발견했다. 교수님의 질문에 아무도 대답하지 않는다는 것이다. 비대면으로 수업할 때는 분명 다들 발표 점수를 받기 위해서 마이크를 켜고 질문에 대답했다. 하지만 대면 수업에서는 교수님의 간단한 질문에도 다들 쥐 죽은 듯 조용할 뿐이었다.

Z세대는 발표뿐만 아니라 사람들 앞에서 대답하는 상황도 불편했던 것이다. 비대면으로 수업할 때는 마이크를 켜고 발표해도 서로 누군지 모르는 상태에서 쳐다보는 이도 없으니 마음 편히 이야기할 수 있었다. 교수님의 급작스러운 질문에도 재빨리 인터넷에서 검색하여 대답하기도 했다. 여러 해를 그렇게 수업하다가 첫 대면 수업에서 손을 들고 자신의 생각을 말하는 것은 부담스러웠다. 이미 3년간의 비대면 생활에 익숙해진 것이다.

"자기소개서 내용 중에 팀플레이로 이루어낸 사례를 적어야 해요. 학교에서도 코로나라고 팀플을 잘 안 내줬는데 다들 어떤 내용을 적으시나요?"

취업 준비 카페에 올라온 글이다. 자기소개서를 작성할 때 '갈등이 발생했던 상황과 해결했던 경험' 문항에 가장 많이 작성하는 것은 팀플이나 학생회·동아리 활동이다. Z세대는 학교생활을 하면서 갈등이 발생했던 적이 없다. 애초에 활동을 제대로 해본 적이 없고 사람을 제대로 만나본 적이 없기 때문이다.

코로나 전과 후의 대학생의 모습은 극명히 변했다. 코로나 학번에게는 그 전과 같은 협동작업 능력이나 발표 능력을 키울 기회가 적었다. 그들은 대학 생활에서 배워야 하는, 사회생활을 위한 기본적인 것도 경험해 보지 못했다. 학창 시절에 어떻게 조별 활동을 하고 발표했는지 기억이 나지 않는다. 이것은 코로나 학번인 20학번 이후만 해당하는 것이 아니다. 19학번도 제대로 된 대학 생활을 한 것은 고작 1년뿐이다.

코로나 취업

엎친 데 덮친 격

Z세대는 크게 대학교 재학 중에 코로나가 터진 사람과 입학 전에 터진 사람으로 나뉜다. 재학 중에 코로나가 터진 사람은 취업이 크게 불리했다. 이를 취업 준비 피해 세대라고 한다. 입학 전에 코로나가 터진 세대는 일반적인 대학 생활을 할 수 없었다. 이 사람들을 비대면 세대라고 한다.

《매일경제》에 따르면 2022년 한 취업준비생이 채용 시험을 앞두고 코로나 확진 판정을 받아 필기시험을 보지 못했다고 한다. 회사 방침상 확진자는 시험 응시가 불가능했기 때문이다. 이러한 상황에서 시험을 앞두고 있는 취준생이라면 외출할 엄두조차 나지 않는다. 취업준비생들은 코로나19 상황에서 불안함에 스스로 자가격리를 택했다.

같은 기사에 따르면 채용 절차를 진행하고 있는 기업을 조사한 결과, 많은 기업이 대면 시험과 면접을 강행하고 있었다.

기업도 취준생도 코로나 사태는 처음 겪기 때문에 입사 시험에 대한 아무런 대비책이 없었고 확진 판정을 받은 사람의 기회는 박탈되었다. 코로나 의심 증상이 나타나도 해열제를 먹고 시험장에 가겠다는 사례까지 나왔다.

취업 시 필수 요건으로 여겨지는 자격증 시험들도 코로나로 연기되거나 취소되었다. 필수 조건인 토익 시험이 2020년 2월 29일을 시작으로 거듭 취소되었다. 시험 하루 전 취소 통보를 받기도 했다. 어떤 시험은 미뤄지고 어떤 시험은 취소되는 가운데 취업준비생은 오락가락한 상황 속에서 불안한 마음으로 공부했다. 금융권 취업준비생들은 가산점이 붙는 투자자산운용사 시험이 1년에 3번 있는데 코로나로 2번이나 취소되면서 계획이 틀어졌다.

통계청이 발표한 '2020년 11월 고용동향'에 따르면, 60대 이상을 제외하고 전 연령대에서 취업자 수가 줄어든 가운데 특히 청년층의 감소세가 두드러졌다. 15~29세에서는 24만 3,000명, 30대에서는 19만 4,000명의 취업자가 줄었다. 이는 기업들이 코로나 사태로 신규 채용 계획을 철회하거나 연기한 데에 따른 결과로 분석된다.

취업 한파 속에 코로나19가 더해져 기업들은 불투명한 채용 소식을 알렸다. 모집 기회를 줄이고 신입 교육이 힘들다며 채용을 연기했다. 1년에 2번 있던 공무원 시험이 모두 연기되었다는 소식은 1년간 시험 준비를 해온 공시생을 허탈하게 만들었다. 취업준비생들은 코로나19의 장기화로 아무리 노력해도 기회 자체가 좁아지는 끝나지 않는 절망적인 상황에 한숨을 쉬었다. 그들에게는 불합격할 기회조차 사라졌다.

한국경제연구원이 2020년에 매출 500대 기업을 대상으로 한 채용 기회 설문조사에서 채용할 계획이 25.8%, 채용하지 않을 계획이 24.2%, 채용 여부 미정이 50%를 차지했다. 취업준비생 942명을 대상으로 한 코로나 피해 유형 설문조사에서는 기업의 채용 규모 감소가 73%, 기업의 채용 일정 연기가 61.7%, 자격증, 토익 등 각종 시험 일정 지연이 59.2%를 차지했다.

취업준비생들이 필요한 학습을 하기 위해 학원이나 독서실을 다니기에는 불안한 마음이 앞섰다. 사람 간의 접촉은 1년의 기회를 날릴 수 있기 때문에 스터디 활동도 어려웠다.

가까스로 취업한 Z세대도 불안한 상황을 보냈다. 경영환경 악화로 직원 규모를 줄이려는 기업이 많아지면서 나가달라는 권고를 받는 일이 빈번해졌다. 취업과 동시에 유급휴직을 하거나 주 2일 근무에 월급의 88%만 받는 사례도 늘어났다. 2차까지 합격했다가 코로나19 상황이 길어지자 회사 측에서 채용을 중도 취소하는 일도 있었다.

큰 사건이 일어났을 때 최대 피해자는 그해에 중요한 무언가가 있는 사람들이다. 갑작스러운 재난에 기업은 채용을 줄였고 각종 시험은 취소되었다. 취업을 앞두고 있던 많은 Z세대들이 사회생활을 시작할 기회를 잃었다.

4장

Z세대와
함께 일하는 법

계약 관계

6시 10분은
칼퇴가 아니다

Z세대는 야근할 때 봉사가 아닌 보상을 원한다. 세대 차이는 일을 대하는 방식부터 확연하다. 기성세대가 되어버린 베이비 붐 세대와 학생 운동 전성기를 이끈 86세대, 그리고 불혹을 넘긴 70년대생은 집단을 중시하는 경향을 보인다. 그들은 한 회사에서 장기근속하는 것을 회사에 대한 충성으로 여긴다.

그러나 요즘 Z세대에게는 평생직장이라는 개념이 없다. 그들은 집단보다 개인에 중점을 두고 살아온 세대이다. Z세대에게 회사는 계약 관계 그 이상도 이하도 아니다. 그래서 회사에 대한 충성을 찾기는 쉽지 않다.

특히 Z세대는 어떤 세대보다도 개인을 중시한다. Z세대의 학창 시절에 학생의 인권도 존중받아야 한다는 명분 아래 학교 체벌이 폐지되었다. 그들은 평등과 존중을 배우며 자라왔다. 과거에 당연시했던 부모의 훈육 방식도 지금은 자칫하면 아동

학대다. 이런 환경에서 자라온 Z세대에게 직장 내의 폭언이나 수직적 관계는 당혹스럽다. 존중받지 못하는 환경에 있을 필요를 못 느끼며 주저 없이 그만둔다. Z세대가 약한 정신력을 가진 것이 아니라 기성세대와 다른 환경에서 다른 경험을 하며 자라온 것이다.

한국 직업능력연구원은 '청년들이 취업하고 싶지 않거나 퇴사의 사유가 될 수도 있는 일자리 특징'을 설문 조사했다. 분석 결과 청년들이 가장 기피하는 일자리 조건은 정시 근무가 지켜지지 않는 직장이었다. 근무 시간이 지켜지지 않는 것은 성별이나 학력에 관계없이 거부감이 가장 큰 일자리 조건이었다.

채용 사이트를 보면 '정시 퇴근 보장'이라는 문구가 적혀 있다. 그것을 보고 야근이 없는 회사라고 생각하고 지원하는 Z세대도 있을 것이다. 하지만 퇴근에 대한 인식의 차이로 종종 갈등이 일어난다. 6시 10분 정도면 칼퇴근이라고 인식하는 사람이 많지만 Z세대는 그렇지 않다. Z세대에게 정시 퇴근은 6시 1분에 회사 밖에 있는 상태를 말한다. 6시 10분이면 칼퇴근이라고 생각하는 기성세대와 관점이 다르다. 이 차이는 기성세대와 Z세대 사이에서 항상 나오는 주요 갈등 요인이다. 하지만 Z세대가 칼퇴근만을 요구하는 것은 아니다.

2019년 10월 한국리서치는 100인 이상의 기업에 다니는

20세 이상 회사원 1,558명을 대상으로 야근에 대한 생각을 설문 조사했다. 20대는 야근을 무조건 싫어할 것이라고 예상했는데 실제로는 4분의 3 이상이 야근에 대해 합리적인 태도를 보였다.

Z세대를 회사에서 조금이라도 불합리한 대우를 받으면 무조건 'NO!'를 외치며 직장을 그만둬 버리는 세대라고 생각해서는 안 된다. Z세대는 자신의 기본적인 권리가 보장되고 합리적 상황이라고 생각되면 오히려 기꺼이 자신의 시간과 노력을 회사에 쏟는다. 그런데 회사가 기본적인 권리를 지켜주지 않고 적절한 보상을 해주지 않으니 'NO!'를 외치는 것이다.

연장 근무했을 때 근로기준법에 따라 통상임금의 1.5배를 준다면 주말이라도 자진해서 일을 한다. 하지만 회사에서 요구하는 야간근로나 휴일근로는 무료 봉사다. 퇴근 시간보다 일찍 퇴근하는 것도 아닌데 시간에 맞춰 퇴근하는 것을 탐탁지 않아 하는 회사를 보며, Z세대는 지금 다니는 회사가 평생직장은 아닐 것이라고 다짐한다.

Z세대는 야근 횟수를 회사의 충성도나 성실함의 척도로 삼는 것도 이해되지 않는다. 신입사원 박 모 씨는 회사 선배로부터 회사의 꿀팁을 다음과 같이 들었다고 한다. "어차피 야근하게 될 텐데 괜히 힘 빼지 말고 쉬엄쉬엄해. 회사에서는 야근 많

이 하는 사람이 일 열심히 하는 사람이야." 효율성을 중시하는 Z세대는 효율성 제로인 야근 문화가 싫다. Z세대는 정해진 시간에 효율을 극대화할 수 있다는 것을 보여주고 싶다.

약속이 있어 정시 퇴근을 하려고 남들 쉴 때 안 쉬면서 퇴근 전에 모든 업무를 끝마쳤는데, 업무의 끝이 어디 있냐면서 새로운 업무를 주었다. 업무 시간 동안 쉬지 않고 목표를 달성해서 퇴근하려고 하면, 업무 시간에 쉴 거 다 쉰 선배는 이렇게 이야기한다. "난 야근하는데 넌 왜 가. 요즘 Z세대들은 놀기 좋아하고 회사에 대한 충성심이 없어." 기성세대의 말은 보여주기 식으로밖에 안 느껴진다.

> "내가 알바할 때 어떤 업주와 말다툼했었다. 10분 일찍 출근하라길래 10분 치 시급을 요구하였다. 그러자 업주는 '10분이 뭐가 힘들어. 고작 그 정도 그냥 일찍 오는 것도 못 해?'라고 했다. 고작 10분이 6번 모이면 1시간이다."

'출근 시간 15분 전 미리 출근해서 업무를 위한 준비를 해야 한다' vs '출근 시간 10초 전에 회사에 도착해도 문제없다'는 한때 논란이 되었다. 전자의 경우는 출근 시간은 업무를 시작하는 시간이기 때문에 미리 업무 준비를 해야 한다는 것이다.

후자의 경우는 '지각만 안 하면 되는 거 아니에요? 그럼 퇴근 시간 15분 전에 퇴근해도 되나요?'라는 주장이다. 전자를 주장한 사람의 대부분은 기성세대였고, 후자는 MZ세대였다. Z세대에게는 출근 시간보다 몇 분 일찍 와서 업무를 준비하라고 하는 것도 일종의 추가 근무 강요다.

　Z세대는 연차를 눈치 보지 않고 자유롭게 쓰고 싶다. 반면에 기성세대는 주어진 연차를 다 사용하지도 않는다. 하지만 지금 Z세대는 내 권리를 내가 사용하지 않으면 나만 손해라는 것을 그 누구보다도 가장 잘 아는 세대이다. 기성세대는 많은 연차를 남길수록 회사에 헌신하는 것으로 생각한다. 그러면서 본인은 눈치 보느라 쓰지 못하고 있는데 연차를 남김없이 소진하는 요즘 세대들을 못마땅하게 생각한다. Z세대의 눈에는 눈치 보느라 자신의 권리를 챙기지 못하고 있는 기성세대가 안타깝게 보인다.

　Z세대는 주어진 연차를 최대한 활용하려고 한다. 심지어는 매년 '연차 휴가 붙여 쓰면 좋은 날. 연차 팁'이라는 글이 올라온다. 예를 들어 2023년 기준 10월에 4일간 연차를 쓰면 추석 연휴와 공휴일 포함하여 무려 12일간 쉴 수 있다는 것이다. 연차를 쓰는 것조차 눈치 보이던 옛날에 비해 이제는 이렇게 최대한 길게 쉴 수 있는 연차 팁도 나온다.

90년대생 특징 vs 실제 내 모습

90년대생 특징	실제 내 모습
오늘 회식은 불참하겠습니다. 저는 이만 퇴근할게요!	아, 회식이요. 넵! 어디로 예약할까요? (엄마, 나 오늘 늦어ㅠㅠ)
굳이 동료랑 친해야 하나요. 내 업무만 잘하면 되죠.	입사 동기 최고ㅠㅠ 회사에 ○○이 있어서 너무 다행이얌♥
"이건 아닌 것 같습니다." 쓴소리도 당당하게 솔직한 의사 표현	(혼자 마음의 상처 입고 퇴근하면 맛있는 거 사 먹겠다고 다짐)
업무는 스마트하게 해야죠. 일정 관리 TOOL 추천해 드릴까요?	오, 이런 기능이 있어요? 대박ㅠㅠ 헉, 저 지금 갑자기 프로그램이 안 돼요ㅠㅠ
퇴사? 두렵지 않아요. 불합리한 일에 참지 않아요.	아, 퇴사하면 월세, 생활비 어떡하지? 그냥 존버해야겠다ㅠㅠ

★ BEST
왼쪽 커뮤로 회사 배운 애들 특징 아니냐 ㅋㅋ

출처: 잡코리아

다음은 MZ세대 직장인의 특징이라고 분석한 글이다.

"오늘 회식은 불참하겠습니다. 저는 이만 퇴근할게요!"

"굳이 동료랑 친해야 하나요. 내 업무만 잘하면 되죠."

"이건 아닌 것 같습니다. 쓴소리도 당당하게 솔직한 의사 표현."

"업무는 스마트하게 해야죠. 일정 관리 TOOL 추천해 드릴까요?"

"퇴사? 두렵지 않아요. 불합리한 일에 참지 않아요."

하지만 이 글들은 MZ세대의 공감을 전혀 얻지 못했다. 이 글을 읽은 MZ세대는 "난 90년생이 아니었나 봐. 대체 저기에 있는 90년생은 도대체 누구야", "왜 자꾸 MZ세대의 특징을 저렇게 나타내는 거지? 누가 MZ세대는 할 말 다 하고 사는 세대라고 하는 거야" 등의 댓글을 달았다.

윗글을 보고 실제 MZ세대들이 바꾼 MZ세대 직장인의 모습은 다음과 같다.

"아, 회식이요. 넵! 어디로 예약할까요?(엄마, 나 오늘 늦어ㅠ)"

"입사 동기 최고ㅠㅠ 회사에 ○○이 있어서 너무 다행이얌."

"(혼자 마음의 상처 입고 퇴근하면 맛있는 거 사 먹겠다고 다짐)"

"오, 이런 기능이 있어요? 대박ㅠ 헉, 저 지금 갑자기 프로그램이 안 돼요ㅠ"

"아, 퇴사하면 월세, 생활비 어떡하지? 그냥 존버해야겠다ㅠ"

기성세대가 생각하던 Z세대의 모습과는 다를 것이다. Z세대는 부당한 일에 할 말을 다 하고 사는 세대라고 생각한다. 회식도 원하지 않으면 당당히 말하고 가지 않을 것 같고, 퇴사도 마음만 먹으면 당장 내일이라도 할 수 있을 것 같다. 분명 기성세대 때보다 Z세대의 퇴사율은 높아졌지만, 대부분의 Z세대 직장인은 당장 앞에 놓인 사회적 처지 때문에 그러지 못한다. 다만 회사의 불합리성이 계속된다면 회사에 대한 헌신과 충성심은 찾기 어려울 것이다. Z세대에게 회사는 당장 내 금전적 문제를 해결해 줄 수단일 뿐이다.

공과 사

친해도 적당한
거리 유지는 필수

기성세대는 회사를 평생직장이라 여기며 회사와 자신을 동일시해 왔다. 앞으로도 계속 다닐 회사가 커지면 자신이 성장한 것과 다름없다고 생각한다. 하지만 Z세대에게 회사란 자신이 행복해지는 데 필요한 금전을 얻기 위한 수단일 뿐이다. 즉 회사에 다니는 것도, 최선을 다해 업무를 수행하는 것도 모두 회사가 아닌 자신을 위한 것이다.

Z세대가 회사에 대한 애사심이 사라지게 된 이유는, 회사를 위해 일한 만큼 회사로부터 보상과 존중을 받지 못한다는 느낌을 받았기 때문이다. 회사가 언제든 자신을 버릴 수 있으니 자신도 언제든 회사를 버릴 준비를 하는 것이다. 그리고 절대 버려질 걱정이 없는 나 자신과 나의 미래에 투자를 한다.

신입사원 연수 프로그램이나 회식 같은 과거의 방법으로 Z세대에게 애사심을 끌어내는 것은 불가능하다.

코로나로 비대면 면접을 진행하는 기업들이 많아진 상황에서 취준생들은 면접용품을 준비하는 데 어려움을 겪었다. SK텔레콤은 공평함을 위해 모든 면접자들의 집으로 태블릿 PC와 다양한 면접용품들을 배송해 주었다. Z세대는 직원도 아니고 면접자일 뿐인데도 배려를 해준 SK텔레콤에 감동했으며, 이런 회사라면 직원이 되었을 때도 존중받을 수 있는 올바른 기업 문화를 가진 기업이라고 생각했다. Z세대의 애사심은 올바른 기업 문화로부터 나온다.

직장 동료는 하루 중 반나절 이상을 함께하며 힘든 일을 같이 해결하는 든든한 존재다. 이는 Z세대에게도 마찬가지다. 하지만 Z세대에게 동네 친구와 직장 동료의 선은 분명하다. 직장에서 가정사를 공유하는 것은 앞으로 자신의 행동이 어떤 편견과 함께 어떻게 보일지 모르기 때문에 부담스럽다. 직장 동료와 아무리 함께하는 시간이 길더라도 개인사를 공유하는 것은 꺼려진다.

2019년 대학내일20대연구소에서 진행한 세대별 조사에 따르면, 업무적인 상황 외에도 서로에 대해 아는 것이 중요하다는 비율이 1970년대생은 43%였지만 1990년대생은 29%였다. 물론 Z세대도 회사 내 동료 간의 친밀감은 중요하다고 생각하지만, 이들이 바라는 친밀감은 곧 업무적인 친밀감이다. 어쩌면

Z세대에게 직장 동료는 한 명이 퇴사·이직했을 때 더 가까워질 수 있는 존재이다.

"프로젝트가 이번 주에 실행된다던데 막히는 건 없어?", "저번 프레젠테이션 반응 좋더라. 특히 이 포인트를 짚은 게 좋았어"와 같이 사생활이 아닌 업무에 집중하면서 자신의 성장에 관심을 갖는 것에서 Z세대는 친밀감을 느낀다.

기성세대들은 젊은 세대와의 소통을 어려워한다. 친밀감을 쌓기 위해 질문을 던졌다가 오히려 꼰대 취급을 받을까 봐 부담스럽다. 사생활이 아닌 업무적 관심에 집중해야 한다.

카카오톡에 멀티프로필이라는 기능이 생겼을 때 대중들의 반응은 두 가지로 나뉘었다. 첫 번째는 "저런 기능이 왜 필요해?"였고, 두 번째는 "진짜 꼭 필요했던 기능이야"였다. 대체로 기성세대들은 첫 번째 반응이었다. 카톡 프로필은 남에게 보여주기 위한 것인데 왜 굳이 멀티로 나눠서 보여주는지 이해가 되지 않았다. 하지만 Z세대 직장인은 그 기능이 생기자마자 바로 멀티프로필을 생성하여 직장 동료와 상사들을 추가해 놓았다.

나를 멀티프로필로 지정했는지를 알 수 있는 방법이 있다. 카카오톡에서 프로필을 눌렀을 때 일반 프로필이라면 우측 상단에 여러 사진이 있다는 표시가 뜬다. 하지만 자신이 멀티프로필 대상으로 지정되어 있다면 작은 네모 표시가 뜨지 않는다. 찾아보는 것을 권하지는 않지만 이런 방법으로 멀티프로필 사용 여부를 알 수 있다.

내 친구 중에 학원 선생님이 있다. 선생님이라는 직업 특성상 업무적으로 많은 학부모가 새로 카톡에 등록된다. 멀티프로필을 사용해도 새로 등록하면 원래 프로필이 보이기 때문에, 이 친구는 자기 친구들을 대상으로 멀티프로필을 사용했다. 자신이 보이고 싶은 프로필을 멀티프로필로 한 것이다. 업무 특성을 고려해서 반대로 사용한 사례다.

Z세대가 자신의 사생활을 회사에 드러내기 싫은 이유는 자기 이야기를 하고 싶지 않아서가 아니다. 자신의 사생활로 꼬투리 잡히기 싫은 것이다. 일주일 내내 야근하고 하루 놀러 가서 찍은 사진으로 프로필 사진을 해놓았다가 "회사는 바쁜데 넌 잘 놀러 다니나 봐"라는 직장 상사의 말을 듣고 싶지 않은 것이다. 그러니 Z세대가 점점 자신의 사생활을 회사에 숨길 수밖에 없다.

"회식을 좋아하진 않지만 어느 정도의 회식은 필요하다고 생각한다. 하지만 번개 회식은 정말 싫다. 차라리 한 달 전이나 2~3주 전에 말해줬으면 좋겠다. 내가 생각하는 적당한 회식 주기는 차라리 집에서 라면에 김치를 먹는 것이 더 편하고 행복하다. 그러면 다른 사람을 위해 고기를 구울 필요도, 상사들의 눈치를 살피며 억지로 웃을 필요도 없다. 동료 간의 친목을 위한다는 명목으로 하는 회식이라고는 하지만 굳이 퇴근 후 늦은 시간까지 함께하지 않아도 낮에도 충분히 친해질 수 있다. Z세대에게 즐거운 회식을 바란다면 근무 시간에 회식하든지, 회식 시간만큼 다음 날 늦게 출근할 수 있게 해주면 된다.

회식이 감정 교류의 장이라면 회식까지 반대하지는 않는다. Z세대에게 회식은 퇴근 후 업무의 연장선이다. 회식이나 등산 등 업무 외적 활동이 친목 도모를 위한 일일지라도 누군가는 계획을 세워야 하고 예약도 해야 한다. 즉, 그 또한 누군가에게는 업무가 되는 것인데 그 누군가는 직장 막내인 Z세대가 될 확률이 높다. Z세대는 회식이 즐겁지도 않고 설령 메뉴가 고기더라도 하나도 반갑지 않다.

Z세대는 회사와 자신을 돈을 목적으로 이뤄진 계약 관계 정도로 생각한다. 일하는 이유도 결국 회사의 발전을 위해서가 아니라 자신의 행복을 위해서다. 그렇기 때문에 Z세대의 충성

심과 열정을 끌어내기 위해서는 회사의 발전이 Z세대의 미래 가치에 어떤 영향을 줄 수 있는지를 보여야 한다.

공론화

이건 좀 아니죠

Z세대는 회사와 개인을 명확하게 구분하기 때문에 불합리함을 참지 않는다. 회사의 성장보다 개인을 우선시해서 희생하지 않으려고 한다. 오래 다닐 생각을 하지 않아서 사내 평판도 비교적 덜 신경 쓴다. 그래서 노동조합과 같은 집단을 통하지 않고 개인이 회사에 직접 이의를 제기하기도 한다. 이런 성향은 기성세대가 세대 차이를 크게 느끼는 부분 중 하나다.

2021년 SK하이닉스에 재직 중인 4년 차 사원이 성과급 구조에 의혹을 제기하며 화제가 되었다. 최고경영자를 포함한 모든 구성원에게 메일을 보내 '성과급 지급 기준을 구체적으로 공개할 것'과 '다른 경쟁사보다 성과급이 낮은 이유를 해명할 것'을 요구했다. SK하이닉스는 성과급을 영업이익과 연동하고 산정 방식을 투명하게 하기로 하면서 논란은 일단락되었다. 불만이 있더라도 회사의 일방적인 결정을 받아들이던 이전 세대와는 다른 모습이었다.

당시 SK하이닉스 관련 기사를 보고 느낀 점은 '비현실적이다'라는 것이었다. 주변에서 찾기 어려운 사례를 가지고 논란을 만들었다고 생각했다. 주변 친구들도 MZ세대를 특별하게 생각하며 생긴 논란이라고 판단했다. 그래서 한동안 이 내용을 잊고 있었다.

다음 해인 2022년 7월, 전에 다녔던 회사의 동료에게 카카오톡이 왔다. 3년 차 사원이 사장님을 포함하여 전체 메일로 부서 간 업무 강도 형평성 문제를 제기했다는 내용이었다. 메일을 보낸 사원은 가장 안 그럴 것 같던 사람이었다. 산업에 대한 이해도를 높이기 위해 따로 공부도 하고, 하지 말라고 해도 남아서 일을 마무리하던 친구였다. 모든 부서에서 인정받았고 조기 진급까지 했었다.

물론 회사는 메일 하나에 특별히 변한 것은 없다. 회사가 크게 바뀌기를 바랐으나 그렇지 않아 실망했으리라고 판단된다. 회사의 시스템은 한 사람에 의해 무너질 만큼 빈약하지 않다. 웬만큼 잘해서는 큰 티도 나지 않는다. 잘하는 것과 대체 불가능한 것은 천지 차이다. 결국 해당 사원이 자진 퇴사하며 일이 마무리되었다.

이후 회사에 다니는 친구들을 대상으로 비슷한 사례가 있는지 물어보았다. 대략 10개당 1개 회사가 비슷한 경험이 있었다. 공통적으로 임원진을 포함하여 전체 메일을 보냈고, 이후 퇴사하는 경향을 보였다. 주로 사내 정치로 인한 피해를 호소하거나 형평성 문제를 제기하는 내용이었다. 조사한 회사의 수가 적어 공신력 있는 수치라고 볼 수는 없지만, 사회생활을 하는 Z세대가 늘어나면 이런 일이 더 많아질 것으로 예측할 수 있다.

위 사례들은 기존과 명확하게 다른 현상을 보여주고 있지만 아직 일반화할 수는 없다. 자신을 드러내며 이의를 제기하는 데는 큰 용기가 필요하다. 계속 같은 분야에서 일할 것이기 때문에 다시 만날 가능성도 고려해야 한다. Z세대에게도 쉽지 않은 일이다. 그래서 대부분의 Z세대는 불합리한 일에 조용히 퇴사를 준비하는 방식으로 대응한다.

2021년 잡코리아에서 '불합리한 조직문화 경험 유무'에 대한 설문조사를 진행했다. 불합리한 조직문화를 경험했을 때 어떻게 행동했는지에 대해서는 60.7%가 '직접적으로 불만을 표현하지 않았지만 곧 퇴사할 결심을 했다'고 답했다. 어떤 일을 겪었을 때 불합리하다고 생각했냐는 질문에는 '단지 나이가 어리다는 이유로 허드렛일을 맡아야 했을 때'(41.2%), '내가 노력한 만큼 공정한 보상을 받지 못했다고 느꼈을 때'(37.0%) 등으로 답했다.

관행적으로 이루어지던 횡령을 신고하는 경우도 많아졌다. 2021년 직장인 익명 커뮤니티 '블라인드'에 과학기술기획평가원의 공금 사용을 신고하는 글이 올라왔다. 문구점에 캡슐 커피를 구매해 달라고 한 뒤 사무용품비로 결제했다는 내용이었다. 공공기관에서는 식사비나 거래명세서를 활용하여 소소하게 이득을 취하는 관행이 있었다. 예전에는 음식점에서 카드로 결제하고 현금을 환급받기도 했다.

적극적으로 신고하는 현상은 큰 기업에만 해당되는 것이 아니다. 친구가 근무하는 간호학원의 전 담당자는 퇴사하면서 다니던 학원을 신고했다. 실습생 개인 사정으로 평일 실습을 주말 실습으로 대체해서 했는데 시간을 평일에 실습한 것으로 올렸다는 내용이었다. 결국 부정수급으로 인해 행정조치를 받았다.

정부지원금으로 운영되는 곳이라면 특히 더 조심해야 한다. 요양원, 병원, 유치원 같은 업종들이다. 사기업이라면 대부분 해당 사원이 퇴사하는 것으로 끝나지만, 정부가 개입되면 현지 조사가 나온다. 이것은 환수로 이어져 큰 금액을 손해 보는 결과를 낳는다. 앞으로 회사에서 일하는 Z세대의 비율이 높아지면 문제를 제기하고 신고하는 일이 많아질 것이다. 잠깐은 숨길 수 있어도 시간이 지나면 드러나게 되어 있다.

직급

저는 신입입니다

새로운 가치관을 가진 Z세대가 회사 구성원이 되면서 사회 분위기가 변화하고 기업들도 그 변화에 적응하기 시작했다. 기존의 조직문화를 없애고 수평적 문화를 만들겠다며 별명을 부르는 기업이 등장하기도 했다. '서로 별명을 부를 정도로 수평적인 회사'라고 홍보한 기업은 한때 Z세대의 주목을 받았다. 하지만 현실은 달랐다.

별명을 부른다고 해서 자유로운 조직 분위기가 되는 것은 아니었다. 일부 기업은 호칭만 변경했을 뿐 상사의 불합리한 지시와 갑질 등 직장 내 수직적인 문화는 개선되지 않았다. 오히려 "내부 기업 문화는 예전 그대로인데 어울리지 않는 호칭까지 강요하니 더 불편하다"는 반응이었다. Z세대가 바라는 수평적인 회사는 이런 게 아니었다.

수평적 기업 문화를 만들기 위해 별명제뿐만 아니라 반말제를 사용하고 있는 기업도 있다. 스타트업 기업 '클래스101'은 사장과 직원이 서로 반말을 하고 닉네임을 사용한다. 이 기업은 사장과 직원이 모두 젊은 세대라는 특징을 가지고 있다. 일반 기업은 다양한 세대들이 함께 공존하고 있어서 이런 기업 문화를 적용한다면 오히려 악효과를 가져올 수 있다.

수평적 기업 문화를 만들기 위해 꼭 자유로운 분위기일 필요는 없다. 직급이나 나이에 상관없이 서로가 존댓말을 사용하는 전체 존대 문화는 신입인 Z세대도 존중받고 있다는 느낌을 받는다. 기존의 호칭 속에서도 Z세대가 의견을 자유롭게 낼 수 있는 회사 분위기를 만들어야 한다.

요즘 대학생은 선배에게 '선배님'이라고 부르지 않는다. 그 대신 학번과 나이에 상관없이 이름에 '씨'나 '님'을 붙인다. 실제로 나는 전공수업에서 같은 과 선배와 팀플 조원이 된 적이 있는데, 한 학기 동안 진행된 팀플이었지만 처음부터 끝까지 서로를 '님'으로 호칭했다. 이를 수평적인 대학 문화를 만들기 위한 자발적인 노력이라 생각해서는 안 된다. 개인주의적인 사회 분위기가 대학 문화에 영향을 끼친 것이다.

Z세대가 선호하는 기업 문화에 맞춰 대기업을 중심으로 근무 복장을 직원 자율에 맡기는 자율복장 제도가 확산되고 있다. 기성세대에게 회사 출근 복장은 깔끔한 정장 차림의 복장

과 구두가 당연했지만 Z세대는 달랐다. Z세대는 학창 시절에도 교복 부분 자율화를 외쳤다. 추운 겨울에도 치마를 입고 공부에 방해되는 와이셔츠, 조끼, 재킷까지 입는 것은 불필요하다는 것이었다.

Z세대는 일만 잘하면 되지 복장이 왜 중요한지 이해하지 못한다. 정장 차림의 복장은 업무에 불편함을 주고 회사 분위기를 딱딱하게 만들 뿐이라고 생각한다. 고객에게 응대할 때도 꼭 정장을 입는 것만이 매너라고 생각하지 않고, 사복을 입어도 깔끔하고 점잖게 입으면 문제가 없다고 생각한다.

수십 년을 정장 차림으로 출근한 기성세대들에게 갑자기 자율복장 제도가 시행되는 것은 부담스러울 수 있다. 하지만 이렇게 기업 문화를 변화시키는 제도는 기성세대가 먼저 나서서 실행해야 한다. "자율복장 제도가 시행되었는데 진짜 청바지 입고 출근해도 될까요?"라는 말이 나오기 전에 기성세대들이 먼저 실행한다면 Z세대는 진짜 변화한 조직문화를 느낄 수 있다. 기성세대들이 변하지 않으면 결국 호칭 문화처럼 겉만 변화된 변함없는 조직문화로 남을 것이다.

홍보를 위해 유튜브를 이용하는 기업이 늘어나고 있다. 하지만 정보 전달 콘텐츠만으로는 더 이상 Z세대의 관심을 끌 수 없다. 기업 콘텐츠 중에는 상사와 신입이 함께 출연하는 영상이 인기가 있다. 입사를 희망하는 취준생들은 상사와 신입이 소통하는 모습을 보고 회사 분위기를 파악한다. 직원들의 회사 내 V-LOG를 올리는 것도 좋은 방법이다. 단, 조금이라도 영상에 꾸밈이 있어서는 안 된다. Z세대는 그러한 꾸밈을 잘 알아차리며 더 이상 그런 기업을 신뢰하지 않는다.

> "신입으로 들어온 Z세대가 아무것도 할 줄 몰라요. 어떤 일을 해야 하는지, 어떻게 해야 하는지 하나부터 열까지 다 알려줘야 해요."

Z세대를 신입으로 맞이할 준비를 했지만 기성세대들의 고민은 해결되지 않는다. 분명히 이 정도면 다 알려줬다고 생각했는데 기본적인 것까지 질문하는 Z세대를 보고 답답함을 느낀다. 신입이 계속 질문하길래 아주 기초적인 커피 채워 넣기를 시켰는데 커피 위치를 묻는 것을 보고 포기했다는 이야기도 들었다.

분명 Z세대들의 스펙은 기성세대가 입사할 당시보다 높아졌는데, 기초적인 것도 스스로 해결하지 못하는 신입을 보면서 기성세대는 의아함을 느낀다.

Z세대는 태어날 때부터 가만히 있어도 정보를 떠먹여 주는 사회에서 살았다. 취업을 준비하면서도 스펙뿐만 아니라 면접에서의 표정, 헤어스타일, 복장, 답변까지 전부 기업이 원하는

인재상대로 찍어내듯 준비했다.

이렇게 자라온 Z세대에게 스스로 찾아서 하는 것은 어려운 일이다. 대신 딱 한 번만 업무 과정을 세세하게 알려준다면 그 다음부터는 어떤 세대보다 빠르게 업무를 처리하고 잘 활용하는 세대가 Z세대다. 이때, 이 정도까지 알려줘야 하나 싶은 것까지 다 알려주는 것이 좋다.

"할 수 있다길래 믿고 기다렸는데 나중에 와서 보니까 아무것도 못 하고 가만히 있더라고요. 할 수 없으면서 도대체 왜 할 수 있다고 하는 건가요?

또 다른 기성세대들의 고민도 있었다. 분명 할 수 있다고 대답했는데 아무것도 못 하고 가만히 있는 Z세대를 보고 답답함을 느낀다. 더 답답한 건 질문이나 도움을 요청하지도 않는다는 것이다. 하지만 Z세대는 아무것도 안 하고 있는 것이 아니다. 그들은 그들만의 노력을 하고 있는데 그 노력을 기성세대가 알지 못하는 것이다.

Z세대는 검색으로 모든 정보를 얻을 수 있었다. "할 수 있겠어?"라는 기성세대의 물음에 '해보고 모르는 건 검색하면 나오겠지'라는 생각으로 "할 수 있다"고 대답한다. 그런데 학창

시절에는 원하는 정보라면 무엇이든 찾을 수 있었을지 모르겠지만, 실무적 정보까지 검색해서 해결하는 데에는 한계가 있다. 철저한 개인주의 속에서 살아온 Z세대는 다른 업무 중인 상사를 방해할 수 없어 질문이나 도움을 요청하지 않는다. 스스로 해결하기 위해 계속해서 검색하고 시도해 보지만 해결되지 않는다. 이런 Z세대에게는 할 수 있다고 대답했더라도 중간중간 어려운 점은 없는지 먼저 물어보는 것이 좋다.

Z세대에게 사장님을 사장님이라고 부르고 과장님을 과장님이라고 부르는 것은 자연스럽다. 과장이든 부장이든 편하게 의견을 나눌 수 있고 반박도 하면서 좋은 성과를 내는 것이 중요하다. 호칭을 없애는 일보다 그런 사회 분위기를 만들어야 한다. Z세대가 바라는 회사는 겉으로만 변한 회사가 아니라 기성세대부터 변화된 모습을 보여주는 회사이다.

로열티

확실한 동기부여 방법

사원을 열심히 일하게 하기 위해서는 동기부여를 해주어야 한다. 일부 대기업은 동기 단합을 위해 교육이라는 명목으로 함께하는 시간을 마련하기도 한다. 애사심을 갖게 하고 신입사원으로서의 자세도 알려준다. 이는 지금도 충분히 통하는 방법이지만 조금씩 방식을 바꿔야 한다. 회사에 사람을 맞추고 있었다면, 이제는 사람에 회사를 맞춰야 한다.

　기업은 신입사원이 열심히 일하게 하기 위해서 다양한 활동을 한다. 그중 하나로 신입사원 연수가 있다. 짧게는 2주부터 길게는 2달까지 동기끼리 숙식을 하며 진행된다. 아침 일찍 일어나 체조를 하고 기업의 핵심 가치에 대한 교육을 받는 등 다양한 프로그램으로 알찬 하루가 구성된다. 예전에는 구보와 행군 같은 강한 체력훈련을 병행하기도 했으나 최근에는 줄어드는 추세이다.

대기업을 다니는 친구들과 이야기하다 보면 이러한 활동의 효과가 느껴진다. 공무원, 공기업, 중소기업, 자영업자, 전문직과 다르게 기업에 대한 프라이드가 대단하다. 기업에서 하는 신입사원 연수가 아직 효과가 있다는 뜻이다. 대기업 취업에 성공했다는 뿌듯함이 가시지 않았을 때 회사에 대한 로열티를 끌어올리는 전략이다. 연수 기간에도 월급은 동일하게 나가지만 사내 적응에 실패했을 때의 기회비용을 생각하면 적절한 투자다.

신입사원 연수의 효과는 계속 이어지지 않는다. 시간이 지나면서 전문직 친구가 돈을 벌기 시작하고 자영업으로 성공한 친구가 나온다. 낮은 급여를 잘 보아 새테크에 성공한 친구를 보면 회의감이 들기 시작한다. 나만 그대로라는 생각이 들면 그 사원은 머지않아 퇴사하게 된다. 업무에 숙련된 인재를 놓치지 않기 위해서는 계속 성장하고 있다는 느낌을 받게 해야 한다.

이때는 지금 회사에서 배우는 일이 이 회사에 국한된 일이 아니라는 것을 알려줘야 한다. 다른 회사에서는 어떻게 하고 있는지를 비교해 주면서, 지금 회사에서 하고 있지 않더라도 다른 곳에서는 하고 있으니 공부하라고 알려주는 것도 좋다. 하는 일이 경력에 도움이 된다고 생각하면 스스로 더 열심히 하게 된다.

사회에 도움이 되는 일이라고 알려주는 방식으로 동기부여를 할 수도 있다. Z세대는 사회문제에 관심이 많다. 미니멀 라이프를 추구하며 샴푸 대신 비누를 사용하는 친구가 있다. 누군가는 사후 장기 기증을 신청하고 같이하자고 권유하기도 한다. 직업이 사회에 도움이 된다면 그 부분을 강조하는 것도 하나의 방법이다. 특히 공공기관은 보통 영리 목적보다 사회를 위한 활동이 목적인 경우가 많다. Z세대를 이기적인 세대로 보고 이 방법이 효과가 없을 것이라는 시선도 있지만, 여전히 공공기관에서 일하는 Z세대는 사회에 기여하겠다는 사명감을 가지고 있다.

보통 대기업일수록 복지가 좋다. 사내 급식을 운영하거나 연결된 음식점이 있다. 복지 포인트를 줘서 필요한 데에 사용하게 하거나 사내 헬스장, 사내 카페를 운영하기도 한다. 직원의 편의를 봐주고 애사심을 올리려는 것이다. 물론 일에만 집중하게 하기 위한 목적 또한 있다. 주변 환경도 마음가짐 못지않게 중요하기 때문이다.

밖에서 먹으면 점심시간이 되기 전에 무엇을 먹을지 고민한다. '부대찌개 먹고 싶은데 거기는 사람이 항상 빨리 차. 조금 일찍 나갈까?' 같은 생각을 하게 된다. 사내 급식을 먹으면 이런 고민을 하지 않아도 된다. 점심시간이 되기 전까지 업무에 집중할 수 있다. 사내 급식이 맛있으면 밖에서 먹을 생각을 하지 않으니 더 효과적이다.

복지 차원에서 유치원이나 학교를 운영하는 기업도 있다. 이것도 업무에 집중할 수 있는 환경을 만들어주기 위한 회사의 노력이다. 계속 신경 쓰이는 집안일이 있으면 일에 집중하기 힘들다. 이런 복지가 많아질수록 회사를 그만두지 못하는 이유가 되기도 한다. 사원이 계속 회사에 다니게 하는 방법이다.

일부 중소기업에서는 신입사원이 능동적으로 일하지 않는다고 불만을 토로한다. 그리고 자신들은 영세해서 높은 수준의 복지까지 할 수는 없다고 말한다. 이런 생각이 든다면 기업 문화를 다시 돌아볼 필요가 있다. 중소기업에서도 보통 처음 입사한 신입사원은 열정을 가지고 일하려고 한다. 그 열정이 빠르게 사그라들게 만드는 사내 문화가 분명히 있을 것이다. 그리고 복지는 자금에 여유가 없는 중소기업이라도 회사 특성과 규모에 맞게 진행하면 된다.

프로라면 알아서 일하는 게 맞다. 동기부여와 무관하게 좋은 성과를 가져와야 한다. Z세대와 함께 일하는 관리자나 리더는 이런 사원을 원할 것이다. 그리고 분명 Z세대에도 프로 의식을 가지고 일을 잘하는 사람들이 있다. 하지만 그것은 일부이고 대부분은 평균 수준의 사람들과 일한다. 신입사원의 태도를 한탄하는 것보다 조금 더 열심히 일할 수 있는 문화를 만들려고 고민해야 한다.

Z세대가 일을 열심히 하게 하려면 입사 직후 회사에 대한 로열티를 심어주는 교육이 효과적이다. 어느 정도 적응을 한 후에는 개인이 성장하는 방법을 알려준다. 사회에 기여하는 업무라면 그 내용을 바탕으로 동기부여 할 수도 있다. 이렇게 마인드 세팅이 되었다면 업무에 집중할 수 있는 환경을 만들어줘야 한다. 여러 방법이 복합적으로 작용하여 회사를 계속 다녀야 하는 이유를 느끼게 해야 한다.

대기업

공무원이
신의 직장인 건 옛말

공무원은 밀레니얼 세대를 상징하는 직업이었다. 저성장 사회와 평생직장의 몰락으로 안정성이 직업 선택의 최우선 조건이었고, 가장 안정적인 직업은 공무원이었다. 9급 공무원을 '신의 직장'이라고 부르며 대기업보다 선호했다. 시험과목으로 수학, 사회, 과학 같은 고등학교 과정이 추가되며 경쟁률은 더욱 치솟았다. 그러다가 자산 시장이 폭등하고 안정성보다 리스크를 안는 사회 분위기가 형성되면서 공무원에 대한 선호도가 줄어들었다. 사회생활을 시작하는 Z세대들은 밀레니얼 세대와 다르게 대기업을 선호하게 되었다.

밀레니얼 세대를 '공무원 세대'라고 하기도 한다. 통계청에서 2009년 진행한 사회조사에서 청년들이 가장 근무하고 싶은 직장으로 국가기관이 뽑혔다. 이어서 공기업, 대기업이 뒤를 이었다. 공무원을 모든 직업 중 가장 좋게 보았고 경쟁률도 높았다. 주변에서 공시생을 쉽게 볼 수 있었고 대학교 도서관에도 공무원을 준비하는 학생이 많았다. 고등학생에게 수능 준비할 시간에 공무원 준비를 하라고 권장하는 사람이 많았을 정도였다.

2013년 고졸자들의 공직 진출을 높인다는 취지로 고등학교 과목인 수학, 과학, 사회가 공무원 선택과목에 추가되었다. 이미 수능으로 오랜 시간 공부해서 익숙한 과목들이다. 필수과목인 국어, 영어, 한국사에 선택과목인 수학, 과학, 사회 중에서 선택하는 것이라 낯선 과목은 없다. 그래서 혹시 모르니 한 번 시험을 보는 사람들도 있었다. 취지와 다르게 실제 고졸자의 합격률이 높아지지 않아 2022년 선택과목이 삭제되고 행정법총론과 같은 전문과목이 필수로 바뀌었다.

인사혁신처에 따르면 2018년 41:1이던 9급 공무원 공채 경쟁률은 2022년 29.2:1로 떨어졌다. 낮은 급여와 높아지는 업무 강도, 공무원 연금의 개편이 원인이었다. 반면 대기업은 IT 회사를 중심으로 높은 급여 인상률이 이어졌다. 최근 5년 평균 인상률이 1.9%인 공무원과 대비되었다.

"6개월 차 신입 공무원입니다. 매일 야근하고 민원인한테 욕먹고 주말에도 출근합니다. 그렇다고 월급이 많지도 않아요. 통장에 찍히는 돈을 보면 한숨만 나옵니다. 야근수당도 얼마 안 되고요. 어차피 힘들 거면 돈이라도 많이 벌고 싶은데, 전문대 가서 공부하여 대기업 생산직 지원하면 미련한 짓일까요?"

한 취업 사이트에 올라온 글을 각색한 내용이다. 공무원은 일과 삶의 균형이 보장되고 업무 강도가 낮다는 이미지가 있었는데 지금은 그렇지 않다. 오히려 그런 이미지 때문에 기업만큼 효율적이고 치열하게 일한다. 일한 만큼 인정받지 못하는 직업이 되었다. 그래서 아직 연차가 많이 쌓이지 않은 Z세대는 공무원을 그만두고 다른 일을 찾기도 한다.

자산 시장의 폭등도 Z세대가 공무원을 선호하지 않게 만든 원인이다. 요즘은 노동소득과 자본소득을 구분해서 설명하는 콘텐츠가 많다. Z세대는 사회생활을 시작하기 전 비트코인의 폭등을 보았다. 코로나로 인해 폭락한 주식이 급등하는 것을 보았고, 부동산이 급격하게 오르는 것을 보았다. 자본이 있었다면 기회를 잡을 수 있었을 것이라고 여기는 Z세대는 초봉을 중요하게 생각하게 되었다.

그렇다고 Z세대가 특별한 재테크를 하는 것은 아니다. 코로나로 주식이 폭락하고 주식 상승장이 왔을 때 주식을 했다. 공모주 비례 배정이 나올 때 청약을 넣었다. 부동산이 전국적으로 오를 때 여유가 되는 Z세대는 영끌을 하여 집을 샀다. 집을 사지 못한 Z세대는 청약통장에 저축하며 기회를 보고 있다. 그리고 금리가 높아져 예금 이자가 높아지자 예금으로 이동했다. 특정 세대만 그런 것이 아니라 우리나라 사람이라면 대부분 비슷한 투자를 한다.

투자 방식에는 크게 3가지가 있다. 주식, 부동산, 코인이다. 채권이나 달러 같은 투자도 있지만 Z세대만이 아니라 기성세대도 익숙하지 않다. 이 중 목돈이 필요한 부동산은 이제 사회생활을 시작하는 Z세대가 접근하기 어렵다. 소액으로 시작할 수 있으면서 전통적인 투자 방식인 주식으로 시작하는 경우가 가장 많다. 하이 리스크 하이 리턴을 추구하는 일부는 코인으로 시작하기도 한다.

비트코인이 오를 때 위험자산에 투자하는 2030세대를 우려하는 기사가 많이 나왔다. 기사만으로는 실제 어느 정도나 투자하는지 체감하기 어려워서 주변 친구들에게 물어보니 당시 30% 정도가 코인을 하고 있었다. 이는 적극적으로 하는 친구와 소극적으로 하는 친구를 합한 수치다.

모든 자산이 오르던 2021년에 '벼락거지'라는 말이 나왔다. 자산 시장에 합류하지 못해 상대적으로 빈곤해진 사람을 말한다. 회사 업무에 집중하지 않고 투자를 하던 사람들이 큰돈을 벌어 퇴사했다. 별다른 투자를 하지 않고 예·적금을 하며 열심히 회사를 다니던 사람들은 회의감을 느꼈다.

　2022년에는 높은 인플레이션과 고금리로 자산 가격이 폭락했다. 예금으로도 충분하다는 인식이 퍼지면서 투자 심리가 위축되었다. 힘든 시기에 Z세대는 무지출 챌린지를 하며 돈을 모았다. '0원으로 1주일 살기'와 같은 짠테크를 하고 SNS에 인증했다.

　돈을 벌기 시작하면 재테크에 관심을 갖게 된다. Z세대도 소액으로 시작할 수 있는 주식이나 코인으로 재테크를 시작했다. 영혼까지 끌어 부동산을 사기도 했다. 자산 시장의 급격한 변동은 Z세대가 초봉을 중요시하게 만들었고, 그로 인해 공무원을 선호하던 밀레니얼 세대와는 다르게 대기업을 선호한다.

파이어족

은퇴하고 싶은
Z세대,
은퇴하기 싫은
기성세대

비슷한 환경에 있는 사람은 비슷한 생각을 한다. Z세대는 고등학생 때 명문대 진학을 원했다. 대학생 때는 좋은 직장을 원했다. 그리고 사회초년생이 된 Z세대는 파이어족이 되기를 원하고 있다.

취업 후 어떻게 살아야 하는지 물으면 대부분 이렇게 말한다. "30년 동안 그 회사에서 열심히 일하면 60살이 되었을 때 여유로운 노년 생활을 보낼 수 있다." 회사생활을 1~2년 해보고 힘들다고 생각하는 Z세대에게는 날벼락 같은 말이다.

파이어족은 일찍 경제적 자유를 얻어 은퇴한 후 하고 싶은 일을 하며 사는 사람을 말한다. 파이어(FIRE)는 'Financial Independence(경제적 자립)'와 'Retire Early(조기 은퇴)'의 앞 글자를 합친 단어다. 일반적으로 40세에 15~20억을 모아 은퇴하는 것을 기준으로 한다. 2008년 리먼 브러더스 사태 이후 미국의 고학력, 고소득층을 중심으로 유행했다. 일찍 은퇴하기 위해 지금 극도로 아끼며 투자한다는 것이 특징이다. 생계 유지를 위한 생활보다 온전한 자신의 삶을 찾으려고 한다. 이를 위해 커리어의 정점에서 은퇴한다.

2021년 잡코리아와 알바몬에서 2030 성인 1,117명에게 '젊은 시절 바짝 모아 자발적으로 조기에 은퇴하는 파이어족이 될 생각이 있는가'를 물었을 때 57%가 '있다'고 답했다. 또 41%는 파이어족이 되기 위해 준비하고 있다고 답했다. 주변에서도 파이어족이 될 것이라고 하는 사람을 쉽게 찾을 수 있다.

일반적으로 연 지출액의 25배가 있으면 파이어 선언이 가능하다고 한다. 33배가 있으면 파산할 확률이 0에 수렴한다. 이론은 이렇다. 연 6% 수익을 주는 투자처를 찾는다. 3%를 가지고 생활하고, 3%는 물가 인상률을 고려하여 재투자한다. 투자 수익 전체, 즉 6%를 생활하는 데 사용하면 명목상 금액은 그대로지만 인플레이션을 고려하면 줄어든 것이다. 그러므로 소비 패턴을 유지하기 위해서는 일정량의 추가 투자가 반드시 필요하다. 이러면 자산이 줄어들지 않고 평생 사는 것이 가능하다.

이는 경제활동을 아예 하지 않는다는 가정으로 계산한 것이고, 대부분 어느 정도의 활동은 한다. 주 1회만 일을 하거나 1년을 쉬면 1~2달 일하는 방식이다. 생활비는 투자 수익으로 충당하고 있으니 일을 하면 한 만큼 자산이 증가한다. 소일거리를 조금 하면, 연 지출액의 20배를 가지고도 은퇴가 가능하다.

신한은행에서 조사한 '보통 사람 금융 생활 보고서 2022'에 따르면, 20대 미혼의 월평균 소비는 주거비를 포함하여 117만 원이다. 연 지출액의 20배를 적용하면 2억 8,080만 원이다. 25배는 3억 5,100만 원, 33배는 4억 6,332만 원이다. 적당히 만족하며 살면 3억이 안 되는 돈으로도 은퇴할 수 있다는 결론이 나온다. 10년을 아껴서 3억을 모으는 것은 재테크를 잘하면 충분히 가능하다.

파이어족이 되는 걸 현실적으로 보이게 만든 것은 온라인의 발달이다. 신문 배달이나 대리 운전을 하던 예전의 부업과 달리 지금은 온라인으로 부업이 가능하다. 온라인의 특성상 많은 사람에게 보이기 쉽다. 노력과 수입이 비례하지 않아서, 벌 수 있는 금액이 본업 못지않은 경우도 많다. 생계에 보태기 위한 부업이 아니라 적극적인 수익 창출이 가능해졌다.

온라인으로 돈을 버는 사람이 많아지면서 '디지털 노마드'라는 말이 유행하기도 했다. 디지털(digital)과 유목민(nomad)을 합친 단어다. 시간과 공간의 제약을 받지 않고 일할 수 있다는 특징이 있다. 블로그, 스마트스토어, 쇼핑몰, 구매 대행과 같이 온라인으로 창출할 수 있는 일을 한다. 일하고 싶을 때 일하고,

어디로 떠나든지 일을 지속할 수 있다. 아예 일하지 않는 것을 목표로 하는 파이어족의 전 단계로 볼 수 있다.

프리랜서도 디지털 노마드가 될 수 있다. 프리랜서는 직업 특성상 온라인으로 일하는 경우가 많다. 직접 출근해서 해야 하는 일이라면 외주보다는 직원을 뽑는다. 디자인이나 영상 편집, 코딩과 같은 일이다. 해외를 돌아다니며 카페에서 일을 한다.

39세에 파이어족이 된 강환국 씨는 현재 유튜브로 파이어족의 삶을 전파하고 있다. 직장 생활을 통해 투자 자금을 마련했고 퀀트 투자와 스타트업 투자를 통해 파이어에 성공했다. 그는 철저한 계획만 세우면 10년 후에 은퇴하는 것이 생각만큼 어렵지 않다고 말한다.

파이어족이 되겠다고 하면 십중팔구 받게 되는 질문이 있다. "은퇴하고 뭐 할 건데?"이다. 속으로 '그건 일하면서도 할 수 있어'라고 말할 준비를 하고 있을 것이다. 이렇게는 결코 파이어족을 이해할 수 없다. 파이어족은 삶의 목표를 '일하지 않는 삶'에 둔다. 늦게 일어나 별다른 일을 하지 않고 지낸다.

주변에서 누군가 파이어족이 되겠다고 하면 그냥 응원해주면 된다. 진심일 수도 있지만 성공하겠다는 의지의 표현일 수도 있다. 파이어족으로 살지, 뛰어난 커리어를 이어갈지 선택할 수 있는 사람은 많지 않다. 10년을 벌어 적게는 6억, 많게는 20

억을 모을 수 있어야 한다. 심지어 커리어의 정점에서 돈을 많이 벌 때의 기준이 아니다. 커리어를 시작할 때부터 소득이 높은 사람만 가능하다.

결혼을 하고 아이까지 있다면 난이도는 더 높아진다. 가족이 소비하는 금액을 기준으로 돈을 모아야 한다. 혼자 살 때와는 다르게 기준을 최소한으로 잡지도 못한다. 교육비처럼 얼마나 사용할지 예측하기 힘든 부분도 있다. 거기에다 만약을 위해 남겨두는 돈도 더 많아야 한다. 비혼을 기준으로 말하는 파이어족이 가정을 이룬 사람들에게 공감받기 힘든 이유다.

파이어족은 평범한 사람이 아니다. 파이어족을 선택한 사람은 능력이 뛰어난 사람이다 보니 은퇴 후 집필이나 강연 같은 활동을 한다. 블로그나 유튜브를 통해 자신의 경험을 공유하기도 한다. 경제적 자유를 얻은 이후에는 자아실현을 위해 자연스럽게 자신이 아는 내용을 공유한다. 수익을 위해 시작한게 아니라고 하지만 결과적으로는 높은 수입이 발생한다. 이런 활동을 보고 많은 젊은이들이 파이어족을 꿈꾸게 되는 것이다.

가톡

퇴근 후에도
이어지는 연장 근무

Z세대와 일할 때는 메신저를 분리해야 한다. Z세대에게 일과 사생활의 분리는 상식이다. Z세대는 업무 소통을 카카오톡으로 하는 것을 원치 않는다. 업무용 메신저와 사적인 메신저의 분리를 원한다. 카카오톡으로 업무 지시를 받는 것에 대해 스트레스를 호소하는 Z세대가 늘어나고 있다. 카카오톡을 통해 근무 시간 외에도 시도 때도 없이 오는 업무 지시에 워라밸의 경계가 무너지고 있다는 것이다.

2021년 5월 오픈서베이가 국내 20~50대 직장인 1,000명을 대상으로 설문 조사한 결과에 따르면, '카카오톡이 업무용으로 쓰이는 데 스트레스를 받는다'는 질문에 Z세대는 54.2%, 밀레니얼 세대는 55.4%가 '그렇다'고 답했으며, 연령대가 높을수록 이 비율은 낮았다. 국내 직장인 과반수가 업무용 메신저로 카카오톡을 사용하고 있고(53.3%), 특히 회사 규모가 작을수록 카카오톡을 업무용 메신저로 사용하는 비율이 높게 나타났다.

카카오톡으로 업무 대화를 할 때 대화 창 옆에는 프로필 사진이 함께 뜬다. 일상 사진을 올려놓은 자신의 프로필 사진이 회사 단톡방에서 계속 보여지기 때문에 사진을 올릴 때도 조심스러워진다. 그렇게 되면 자유로운 소통 공간이었던 카카오톡이 사소한 것 하나까지 제한되는 업무 공간이 되는 것이다. 또한 회사를 이직하거나 그만두어도 상대방의 친구 목록에 영원히 떠 있게 된다.

직장 상사가 Z세대 사원과 거리를 좁혀보고자 Z세대의 대표 SNS인 인스타그램에 팔로우한나면 그날로 그 상사는 Z세대 사원의 최악의 상사가 될지도 모른다. SNS는 카카오톡 프로필 사진보다 더 개인적인 공간이다. Z세대는 인스타그램에 자신의 속마음을 쓰기도 하고 댓글로 친구들과 수다도 떤다. 또한 자신의 일상 매 순간을 스토리로 공유한다. 스토리를 통해 야근 중인 자신의 분노를 표현하기도 하고, 연차 내고 친구들과 여행 가서 찍은 사진을 올리기도 한다. 그러니 직장 상사가 자신의 개인적인 공간에 들어오려고 하는 것은 Z세대에게 매우 부담스러운 일이다.

2021년 대학내일20대연구소의 설문조사 결과에 따르면 업무 관련 소통 시 효율적이라고 생각하는 방식을 물었을 때,

1980년대에 태어나 만 33~40세의 전기 밀레니얼(24.2%), X세대(21.8%), 86세대(22.2%)가 '1:1 대화'를 꼽았지만, 후기 밀레니얼(23.8%)과 Z세대(23.3%)는 '모바일 메신저'라고 답했다.

Z세대가 직장 동료와 1:1로 대화하기 싫어하는 것은 아니다. Z세대는 말보다 메신저가 익숙한 세대다. 메신저로 소통하면 말실수하는 경우가 줄어든다. 상대방의 갑작스러운 물음에 바로 대답하지 않고 생각을 정리한 후 자신이 원할 때 답할 수 있기 때문이다. 기성세대의 입장에서는 바로 대답을 들을 수도 없고 상대방의 표정이나 말투도 알 수 없으니 이런 소통은 답답하게 느껴진다. 특히 급한 업무를 처리해야 할 때는 더욱 그렇다. Z세대도 가장 효율적인 업무 소통 방식이 1:1 대화라는 것을 알고 있지만 최선의 대답을 하기 위해서는 준비 시간이 필요하다고 생각한다.

사내 메신저로 카카오톡을 사용한다면 확실히 지켜야 할 조건이 있다. 퇴근 이후와 주말에는 일체 연락 안 하기이다. 쉬는 날에도 종일 알림이 울리고 친구들과 카톡 하러 들어갔다가 업무톡을 읽게 되면 퇴근 후 재택근무하는 기분이 든다. 그마저도 눈치가 보여 읽지도 않고 읽음 처리를 해버린다. 업무와 개인 생활이 구분되지 않으니 회사 단톡방 알림을 꺼두거나 심지어 핸드폰을 두 개 쓰기도 한다.

업무 시간 외에 회사로부터 카톡이 온 것 자체가 스트레스다. 업무 시간이 아니니 확인을 안 해도 된다고 생각은 하지만 자꾸 신경 쓰이는 것이 퇴근한 것 같지 않다. 퇴근 후 연락은 상사의 자유지만 개인 시간에 확인 안 하는 것도 Z세대의 자유다. 퇴근 후 저녁 시간만이라도 일에서 벗어나고 싶은 Z세대의 마음을 알아줘야 한다.

개인 메신저와 업무용 메신저가 분리되어 있지 않으니 종종 있어서는 안 될 아찔한 사고가 발생한다. 친구에게 보내려는 카톡을 회사 단톡방에 보내기도 하고 말실수를 하기도 한다. 다음 카톡 대화 내용은 한 회사원이 회사 단톡방을 나른 단독방과 헷갈려 잘못 보낸 것이다.

댓글에는 "보기만 해도 손에 땀이 나네요. 이래서 메신저가 분리되어야 합니다", "저도 저런 적이 있어서 친구들과 카톡 할 때 단톡방과 헷갈리진 않았는지 확인하고 또 확인해요. 개인 메신저에서도 맘 편히 카톡 하지도 못하고 스트레스입니다"라고 적혀 있다.

회사 단톡방을 헷갈리지 않기 위한 방법이 회사원들 사이에서 공유되고 있다. 첫 번째는 카카오톡 설정 중 '현재 채팅방 입력 잠금'이 있다. 아예 회사 단톡방에 채팅이 불가능하도록 막아두는 것이다. 두 번째는 회사 단톡방 배경 화면을 바꿔두

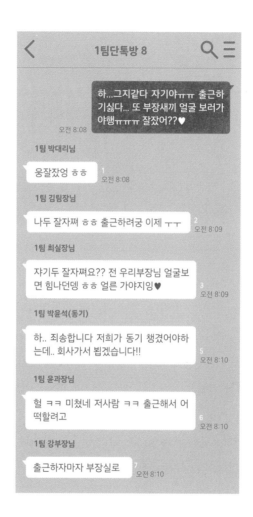

1팀단톡방 8

하...그지같다 자기야ㅠㅠ 출근하
기싫다... 또 부장새끼 얼굴 보러가
야행ㅠㅠㅠ 잘잤어??♥

오전 8:08

1팀 박대리님

웅잘잤엉 ㅎㅎ

오전 8:08

1팀 김팀장님

나두 잘자쪄 ㅎㅎ 출근하려궁 이제 ㅜㅜ

오전 8:09

1팀 최실장님

쟈기두 잘자쪄요?? 전 우리부장님 얼굴보
면 힘나던뎅 ㅎㅎ 얼른 가야지잉♥

오전 8:09

1팀 박윤석(동기)

하.. 죄송합니다 저희가 동기 챙겼어야
는데.. 회사가서 뵙겠습니다!!

오전 8:10

1팀 윤과장님

헐 ㅋㅋ 미쳤네 저사람 ㅋㅋ 출근해서 어
떡할려고

오전 8:10

1팀 강부장님

출근하자마자 부장실로

오전 8:10

는 것이다. 배경 화면에 경고 메시지를 적어두어 카톡방을 헷갈릴 가능성을 줄이는 것이다. 개인 메신저를 침범당한 Z세대 회사원들이 실수하지 않기 위한 생존법들이다.

Z세대는 일과 사생활의 구분이 확실하길 원한다. 퇴근 후에는 더 이상 업무 스트레스를 받고 싶지 않다. 그러므로 Z세대와 일할 때 메신저는 분리되어야 한다. 편하게 사용하던 개인 메신저가 가장 불편한 메신저가 되길 원하지 않는다. 메신저가 구분되지 않으면 Z세대는 개인 메신저를 지키기 위해 그들만의 방법을 찾을 뿐이다.

회사평

회사도 모르는 정보를 취준생은 알고 있다

취업을 준비할 때면 원하는 기업의 홈페이지나 취업 카페에서 정보를 수집한다. Z세대 역시 입사 전에 기업에 대한 정보를 수집하는 것은 변함없지만, 그들은 더욱 구체적이고 다양한 방법을 활용해 기업의 숨은 정보까지 찾아낸다.

Z세대가 수집하는 기업 정보에는 실제 사내 분위기나 기업 문화까지 담겨 있다. 그 정보는 기업의 좋은 문화만 편집해서 만든 영상이 아니라 내부 직원의 경험에서 나온 진짜 정보다. 그렇기 때문에 기업 리뷰 사이트보다 의견을 자유롭게 올릴 수 있는 SNS나 유튜브, 온라인 커뮤니티가 기업을 판단하는 데 더 도움이 되기도 한다.

기업의 장단점을 자유롭게 나누는 익명 커뮤니티가 활성화되어 있다. 블라인드, 리멤버, 잡플래닛은 직장인들이 익명으로 회사 정보를 털어놓는 대표적인 플랫폼이다. 게시물 및 댓글을 작성할 때는 회사 이름 외의 개인정보는 공개되지 않기 때문에, 익명의 가면 뒤에 남겨진 평가에는 회사의 속사정이 숨김없이 드러난다.

　익명 커뮤니티가 기업이 좋은 방향으로 발전하는 데 영향을 주기도 한다. 기업이 익명 커뮤니티에 올라오는 임직원의 생생한 목소리를 듣고 조직문화를 개선하는 데 참고하는 것이다. 2021년 초 익명 커뮤니티에서 성과급 논란이 불거지자 SK텔레콤, 네이버 등은 최고경영진과 대화하는 자리를 마련하여 대응했다. 익명 임직원의 불만 사항을 부정적으로 보지 않고 개선하려는 움직임을 보인 것이다.

　반면에 안 좋은 움직임을 보이는 기업들도 있다. 기업의 입장에서 임직원의 솔직한 평판은 골칫거리다. 그래서 익명 커뮤니티를 검열하거나 이용 자체를 막는 경우도 있다. 잡플래닛에 올린 리뷰 작성자를 찾기 위해 인사팀이 전 직원을 잡플래닛에 로그인시키거나, 회사 메일 인증을 거쳐야 사용할 수 있는 블라인드 앱 가입을 막기 위해 회사 차원에서 블라인드 가입 메일을 차단하는 식이다.

　익명 커뮤니티뿐만 아니라 SNS나 유튜브 등 직원이 기업에 대해 솔직하게 이야기할 수 있는 채널은 늘어나고 있다. 그렇기 때문에 기업이 직원들의 소통 통로를 관리하는 것은 더 이상

근본적인 대책이 될 수 없다.

기업 리뷰 사이트에 적혀 있는 기업의 평판은 입사해 보지 않는 이상 절대 알 수 없는 정보들이다. 만약 리뷰 사이트에서 정보를 찾아보지 않고 입사했다면, 거기 적혀 있는 글들이 곧 나의 이야기가 됐을 것이다. 요즘은 기업에서 이미지를 구축하기 위해 기업 리뷰 사이트마저 광고로 이용하는 경우가 있다. 하지만 Z세대는 거짓된 리뷰와 진실된 리뷰를 어떤 세대들보다도 정확히 판별해 내는 능력을 갖고 있다. Z세대 취준생은 더 정확하고 진실된 리뷰를 찾기 위해 각종 채널, 사이트, 그리고 그곳에 달린 댓글들까지 꼼꼼히 살펴본다.

유튜브 채널 '워크맨'은 '세상의 모든 JOB을 리뷰한다'라는 모토로 직업을 직접 체험하고 솔직한 리뷰를 하는 예능 프로그램이다. 시청자들은 이 채널에서 기업의 내부 분위기를 파악하는 데 도움을 얻는다. '호칭 문화'나 '신입에게 물어보는 복지', '해당 기업이 원하는 인재상', '직무별 하는 일', '초봉' 등 쉽게 알 수 없었던 취준생의 궁금증을 대신 질문해 준다.

워크맨은 잡코리아의 리뷰를 보고 직접 기업에 방문해 공개되지 않은 정보들까지 분석해 준다. 기업 내부의 근무환경을 직접 영상으로 보여주면서 잡코리아에 표기된 복지들이 실제로 잘 지켜지고 있는지 탐방한다. 잡코리아에서 '경영진' 부분의 평점이 가장 낮은 이유가 무엇인지, 잡코리아에 적혀 있는 연봉 정보들이 정확한지 등을 확인하는 것이다.

> "요즘 구직 활동할 때 사이트들 보면 정확한 연봉이나 근무 시간이 없는 회사도 많고 복리후생이 없는 곳도 많았는데 직접 리뷰해 주니 좋다."

워크맨에 대한 시청자의 반응이다. 시청자들은 콘텐츠 속 실제 직원의 이야기뿐만 아니라 그 영상에 달린 실제 직원의 댓글에도 집중한다. 기업의 좋은 문화만 편집해 보여줬을 수도 있으니, 기업에서 일하고 있는 실제 직원이나 퇴직자의 반응을 보면서 기업 문화를 판단한다.

요즘은 제품을 구매할 때도, 식당을 방문할 때도 리뷰 확인은 필수다. 기업이 직원을 평가하여 뽑는 것이 일반적이었지만 이제는 직원도 회사를 평가하는 시대이므로, Z세대는 입사 지원 전 기업 리뷰를 반드시 확인한다. 그들에게는 기업 홈페이지에 적혀 있는 회사의 전망보다 기업 리뷰 사이트에 있는 별점이 기업을 판단하는 데 더욱 와닿는 지표다. 플랫폼은 발전했고 더이상 기업은 직원들의 행동을 일일이 제한하면서 평판을 쌓을 수 없다. 이제는 Z세대의 플랫폼을 역으로 활용해야 할 때다.

기업 리뷰에 대한 구직자 의견 조사 결과

출처: 제주교통복지신문, 2021.8.23.

"취업 준비 중 지원한 기업에 합격했는데 기업 리뷰 별점이 1점인 것 보고 입사 포기했어요."

새로운 사람이 오지 않으면 기업은 멈추게 된다. 기업 리뷰가 안 좋으면 사람을 데려오기 위해 더 좋은 조건을 제시해야한다. 아니면 기존보다 스펙이 안 좋은 신입사원을 뽑아 키우는 방법도 있다. 어떤 경우든 회사 입장에서는 큰 손해다. 기존 사원의 복지나 회사 문화에 신경 써서 좋은 리뷰가 달리도록 관리하는 것이 더 효율적이다. 직원을 이용한 조작은 권장하지 않는다. 보기만 해도 어느 정도 티가 날 뿐만 아니라 누군가 리뷰로 사실을 알리면 이미지는 더욱 안 좋아진다.

Z세대는 기업 합격을 위해 많은 노력과 시간을 할애한다. 하지만 그렇게 바라던 합격 소식에도 리뷰 사이트의 별점이 낮다는 이유로 입사를 포기한다. 이런 일은 Z세대 취준생 사이에서는 흔히 있는 일이다. 취준생들 사이에서 "리뷰 별점이 3.0을 넘지 않는 기업은 피해라"라는 말이 있을 정도로 기업 리뷰의 별점이 낮다면 입사 지원조차 하지 않는다. 리뷰에 적혀 있는 것들이 나의 일이 되는 것보다 입사를 포기하는 것이 더 낫다. 직원들이 남긴 직장 후기나 연봉, 복지, 사내 문화 등은 기업의 평판으로 이어졌고, 이는 기업들 사이에서 벌어지는 인재 확보 전쟁의 승패를 좌우한다.

자기 계발

자기만족의 수단

Z세대는 퇴근 후에도 자기 계발 활동을 한다. 24시간을 분 단위로 쪼개 어느 하나 놓치지 않으려 하는 것은 Z세대만의 자기 계발이고, 이를 '갓생'이라고 부른다. 기성세대에게는 자기 계발 활동의 목적이 사회생활과 비즈니스에서의 눈에 띄는 성취였다면, Z세대는 자기만족을 위해 자기 계발을 한다.

Z세대의 대표적인 자기 계발 활동 중 하나로 헬스가 있다. Z세대는 자기 계발 활동을 위해 한 시간 빨리 일어나거나 퇴근 후에 기꺼이 시간을 낸다. 매일 헬스장에 출석한 뒤 인스타 스토리에 '오운완(= 오늘의 운동 완성)' 인증 사진도 올린다. 스마트 워치를 이용하여 자신의 자기 계발 활동 과정을 측정하고 기록하는 것은 필수다.

처음엔 헬스가 자기 계발 활동을 위한 취미였지만, 그걸 넘어서 보디빌딩 대회를 나가거나 바디프로필을 찍기도 한다. 그렇다고 보디빌딩 대회에서 우수한 성적을 내는 게 목적은 아니다. 그저 자신의 노력을 결과물로 보상받고 싶을 뿐이다. 물론 직장을 다니면서 헬스까지 하면 몸이 피곤하지만 반복되는 일상에서 Z세대가 성취감을 찾는 방법이다.

한국레저산업연구소는 2021년 골프 인구를 전년 대비 8.9% 증가한 515만 명으로 추산했는데, 이 중 20~30대 골프 인구는 115만 명으로 전년 대비 35% 증가했다.

대학교 강의 중에도 골프나 테니스 수업이 있는데 지원하는 사람이 너무 많아서 수강 신청에 성공하기 어렵다. 그래서 테니스 동아리에 가입하여 활동하기도 하고, 따로 골프학원에서 배워 친구들과 스크린골프장에서 내기를 하기도 한다. 골프를 하는 친구들이 많지는 않지만, 확실히 골프를 취미로 하는 나이대가 낮아졌다는 것을 체감할 수 있다. 주변에도 골프를 해봤거나 혹은 배워볼 생각이 있는 친구가 꽤 있다.

골프나 테니스는 원래 40대 이상 중장년층의 대표적인 취미였는데, 취미생활에 집중하는 MZ세대의 참여가 늘었다. 골프와 테니스는 Z세대들도 비교적 쉽게 접할 수 있는 스포츠가 되었다. 세대에 상관없이 같이 즐길 수 있는 스포츠인 만큼, Z세대는 부모님과 함께 취미생활을 즐기기도 한다.

골프는 고급 취미로 사회초년생인 Z세대가 취미생활로 하기에는 금전적으로 어려움이 있을 것이라 예상했지만 '나를 위해서라면 아끼지 않는다'는 Z세대의 소비 특성이 오히려 골프 시장을 키웠다. 기성세대는 비즈니스와 친목 도모를 위해 골프를 즐겼다면, Z세대는 자기 계발 활동의 목적뿐만 아니라 화려한 골프웨어와 아이템을 통해 자신의 개성을 드러내고 표현하는 수단으로도 활용한다.

사회생활을 막 시작한 Z세대는 자기 계발을 위해 업무 기술을 학습하기도 한다. 퇴근 시간 이후 온라인 클래스 플랫폼을 이용하여 자신의 부족한 업무 기술을 향상시킨다. Z세대가 이렇게 퇴근 이후 자신의 시간을 소비하면서까지 업무 역량을 키우는 이유는 회사의 이익을 위해서가 아니라 자기 계발이 목적이다. Z세대에게 '일잘러'가 되는 것은 곧 자신의 계발과 다르지 않다. 이런 Z세대의 니즈를 충족시켜 줄 수 있도록 회사에 자기 계발을 지원하는 사내교육 제도가 있다면 회사에 대한 호감도와 근속 욕구는 상승할 것이다.

> "퇴근한 후 쉬고 싶지만 온라인 클래스로 영어 회화를 공부한다. 영어 회화를 공부하는 것은 나의 실무에 크게 도움이 되지는 않는다. 그럼에도 불구하고 내가 영어 회화를 공부하는 이유는 오로지 나의 만족이며 미래에 여행을 가게 되었을 때의 대비이다."

Z세대는 학창 시절부터 자신들만의 방법으로 자기 계발을 해왔다. 공부 시간을 측정해 주는 앱, 물 마시는 시간을 알려주는 앱, 하루에 만 보 걷기를 도와주는 앱, 체중과 식단을 매일매일 체크하는 앱 등 자기 관리 앱들이 Z세대 사이에서 열풍이었다. Z세대는 성취감을 느낄 만한 어떤 기회가 부족하니 자기 계발 활동으로 스스로에게 성취감을 주는 것이다. 자신의 성취를 기록으로 남기고 세상과 공유하면서 만족감을 채우고 다시 도전할 힘을 얻는다.

유튜브에 '직장인 자기 계발 V-LOG'를 검색해 보면 1시간여의 짧은 점심시간마저 알차게 활용하는 Z세대 직장인이 늘고 있는 것을 볼 수 있다. 1시간은 점심을 먹고 수다 떨면 금방 지나는 시간이다. 오전 근무로 수고한 나에게 휴식을 줄 수 있는 시간이기도 하다. 하지만 Z세대는 점심시간을 자기 계발의 장으로 삼아 헬스, 필라테스 등 운동에 할애하기도 한다.

Z세대의 자투리 시간 활용은 점심시간뿐만 아니라 출퇴근 길에도 계속된다. 출퇴근 시간 지하철에서 독서를 하거나 자격증 인터넷 강의를 듣는 Z세대 직장인 모습을 흔히 볼 수 있다. 직장인들끼리 '자투리 시간을 이용한 자격증 성공 공부법'을 공유하기도 한다. 흔들리는 지하철 안에서 피곤한 상태로 자기 계발을 하는 것은 분명 쉽지 않은 일이지만 자기 계발의 만족감

이 이들에게는 원동력이 되기도 한다. 이들 중에는 새벽 시간에 운동까지 마친 직장인도 있을 것이다.

코로나19 확산세가 지속되면서 직장인들의 여가 시간이 늘어났다. 모처럼 얻게 된 여가 시간인 만큼 자유롭게 사용할 법도 하지만, Z세대 직장인은 이 여가 시간을 자기 계발의 기회로 만들었다.

구인구직 플랫폼 '사람인'이 2021년 직장인 1,266명을 대상으로 자기 계발 현황에 대해 설문 조사한 결과 64.5%가 자기 계발을 하고 있었으며, 56%가 업무 관련 자격증 취득, 42.2%가 재테크 공부, 28.2%가 외국어 회화, 23.7%가 취미/특기 활동을 하고 있다고 답했다.

Z세대는 자신의 시간을 더 투자해서라도 자기 계발 활동을 하며 성취감을 얻는다. 그들은 실무 역량을 키우는 것도 업무가 아닌 자기 계발 활동이라 생각한다. 회사가 자기 계발을 위한 수단을 지원해 준다면 비록 회사를 위해서는 아니지만 기꺼이 업무 역량을 키울 의지가 있다. 회사와 Z세대 모두 긍정적인 효과를 얻게 되는 셈이다.

Z세대가 말하는 Z세대의 모든 것

1판 1쇄 인쇄 2023년 3월 17일
1판 1쇄 발행 2023년 3월 27일

지은이 박다영 고광열
펴낸이 김성구

책임편집 고혁
콘텐츠본부 조은아 김초록 이은주 김지용
디자인 이영민
마케팅부 송영우 어찬 김하은
관리 김지원 안웅기

펴낸곳 (주)샘터사
등록 2001년 10월 15일 제1-2923호
주소 서울시 종로구 창경궁로35길 26 2층 (03076)
전화 02-763-8965(콘텐츠본부) 02-763-8966(마케팅부)
팩스 02-3672-1873 | 이메일 book@isamtoh.com | 홈페이지 www.isamtoh.com

ISBN 978-89-464-2237-7 03300

• 값은 뒤표지에 있습니다.
• 잘못 만들어진 책은 구입처에서 교환해 드립니다.

샘터 1% 나눔실천
샘터는 모든 책 인세의 1%를 '샘물통장' 기금으로 조성하여 매년 소외된 이웃에게 기부하고 있습니다.
2021년까지 약 9,400만 원을 기부하였으며, 앞으로도 샘터는 책을 통해 1% 나눔실천을 계속할 것입니다.